近代中日關係史料彙編

九一八事變後日本對華的破壞與侵逼

Historical Documents on Modern Sino-Japanese Relations

Japan's Invasion and Destruction of China
After the Mukden Incident

近代中日關係史料彙編
總序

呂芳上
民國歷史文化學社社長

一

　　日本是中國的近鄰，也是強鄰，中日之間一衣帶水，本應脣齒相依，共營孫中山的大亞洲主義，互助互榮；也大可以在一念之間，分出蔣介石所規勸的敵乎友乎，和睦共處，以臻東亞大同境界。但日本國力強大之後，不此之圖，選擇走向侵略、走向戰爭，對鄰邦由蠶食而鯨吞，結果釀成的是你傷我殘的悲劇。

　　中日關係的發展，遠的不提，辛亥革命時，日本原有干涉意圖不果，改採兩面外交，著重者在滿洲特殊權益。1914 年一戰爆發，次年日方即向袁政府提出二十一條要求，嚴重妨礙中日正常外交的推進。二十一條交涉甫告段落，日本又為洪憲帝制，蛇鼠兩端，迫得袁世凱含恨以終。其後復對北洋政府在參戰、借款問題及和會、山東問題上，施其詭譎伎倆，導致五四運動的發生。1921 年的華盛頓會議，九國公約中，日本雖在特殊利益上，沒獲多大斬獲，但日本遍及東北、華北的軍事部署，其有恃無恐、肆意在華

擴張的野心，已相當明顯。

1926 年，在南方的國民革命軍，揮師北指，很快的統一中國，這不是對中國抱持野心的日本所樂見的事，於是中日關係走入新的階段。

二

1920 年代初期，在南方的國民黨勢力崛起，1926年國民政府開府廣州，接著北伐，1927 年定都南京，於是中國對內、對外新局面形成。1927 至1952 年間，自北伐後中日談判重訂關稅、出兵山東開始，中經九一八、上海事件、華北事變、蘆溝橋事變，以迄戰爭結束、簽訂和約，具見日本以強國步步進逼，盛氣凌人，中國則以弱勢對應，先是退讓、容忍，終以干戈相見，最後日本以敗戰自食惡果。

1961 年，逢中華民國建國五十年，民間各界特別組成「中華民國開國五十年文獻編纂委員會」，負責出版各類叢書，其中之一是1964 年至1966 年以「中華民國外交問題研究會」為名編印之《中日外交史料叢編》一套九種。這套《叢編》基本上以國民政府外交檔案為主，北京政府外交檔案為輔編成。雖不能對兩國從文爭到武鬥的材料，作鉅細靡遺的羅列，但對兩國關係的重大起伏，實已提供學界深入研究的基礎史料。本社鑒於這套《叢編》對近代中日關係具有很高的史料價值，除聘請學者專家新編「華北事變」資料專輯附入外，特別以《中日外交史料叢編》九種為基礎，重新增刪並編輯匯成《近代中日關係史料彙編》

（以下簡稱《彙編》），以方便學界利用。

三

這套《彙編》，共含十五個主題概分為十七冊，包含約四千種文獻、三百萬字：一、《一九三〇年代的華北特殊化》本社最新輯編本，分三冊，由黃自進、陳佑慎、蘇聖雄主編，除利用外交部檔案外，並加入國史館庋藏之蔣中正總統文物相關史料。主要內容，包括長城戰役與塘沽協定（1933）、通航、通車、通郵交涉（1934）、華北特殊化與華北自治運動（1933-1935）、河北事件與南京政府退出華北（1935）、宋哲元與冀察政權（1935）、中日國交調整（1933-1935）、全面戰爭的前奏（1936）等，這三本資料集希望以豐富史料，重新探索1930年代中日、內外各方勢力競逐下的華北問題。二、《國民政府北伐後中日外交關係》19世紀中葉以後，西方勢力進入中國，因國力懸殊，中國頓成列強瓜分角逐場所，不平等條約既是帝國主義勢力的依憑，也是中國近代民族主義油然而生的根由。廢除不平等條約既是國民革命目標，北伐後爭取國際地位平等是國民政府外交努力的方向，也是中國與列強爭執的焦點。這本資料集可以看出中日雙方為長期的、偶發的政策或事件，形成外交角力的過程。主要內容有：國民政府定都南京後外交政策宣言（1927）、日本退還庚款及運用交涉（1929-1931）、中日重訂關稅協定（1926-1935）

及萬寶山事件與中村事件（1931-1932）。三、《國
民政府北伐後中日直接衝突》北伐進行過程中，發生
若干涉外事件，本冊所輯南京事件（1927-1934）、
漢口事件（1927-1931）、日本第一、二次出兵山東
（1927-1929）均與日本有關。四、《九一八事變的
發生與中國的反應》侵略滿蒙，進而兼併中國，是日
本大陸政策的目標，甲午戰爭、日俄戰爭均是向外擴
張的北進政策，1931年的瀋陽事變是日本北進的高
峰，更是二次大戰前奏。當時政府為應付嚴重變局，
特在中央政治會議內成立「特種外交委員會」，自
1931年9月至12月，共召開五十九次會議，本冊收錄
了這一重要會議的會議紀錄。五、《九一八事變後日
本對華的破壞與侵逼》九一八事變之後，日本侵華腳
步未曾停止，所謂「得寸進尺」差可形容，本冊所輯
資料，重在日軍繼續挑釁（1932-1933）、日軍暴行與
中國損失（1931-1933）、日本在東北破壞中國行政
權完整（1932）。六、《日軍侵犯上海與進攻華北》
1932年，日本藉口上海排斥日貨，唆使日本浪人及
海軍陸戰隊滋事，毆人縱火、殺死華警。上海市府提
出抗議，日領反稱日本和尚五人被毆，提出反抗議，
要求中方道歉、賠償、懲兇、制止反日行動。1月28
日，日方迫令中國軍隊退出閘北，隨即向中方開火，
是為淞滬戰役。歷時月餘，5月初始成立停戰協定。
事實上，九一八事變後，日軍節節進迫，進攻熱河，
侵擾察冀，無底於止；中方則忍辱負重，地方飽受戰
火蹂躪，中央遭受輿論撻伐，中日關係瀕臨破裂。本

資料集收錄日軍侵犯上海之一二八事變（1932）、進犯熱河（1932-1935）、侵擾察冀及河北事件致有「塘沽協定」，及所謂「何梅協定」（1933-1935）等文件的簽訂。七、《蘆溝橋事變前後的中日外交關係》廣義的第二次中日戰爭，始於1931年九一八事變，止於1945年日本投降。十四年間又可分為兩階段：九一八至七七（1931-1937）中國是屬備戰、局部抵抗時期，日方是侵犯、挑釁期；七七之後中國是全面抗戰，日方則陷入戰爭泥沼期。前六年中日關係有戰有和，中方出於容忍、訴諸國際調停者多，後八年中方前四年獨立作戰，後四年與盟國協同作戰，對內對外，對敵對友的諸多交涉，交件中充分顯示戰前與戰爭外交的複雜面貌。本冊主要內容包含：（一）七七事變前的中日交涉（1934-1937），涉及廣田三原則、共同防共及滿洲國承認問題。（二）事變前日方的挑釁（1934-1936），又包括藏本事件、香河事件、成都事件、日人間諜行為等。（三）從七七到八一三（1937-1938），指的是全面抗戰爆發前後的中日衝突，例如蘆溝橋事變的發生、交涉、日本中國撤僑、八一三虹橋事件及戰事發展等。八、《蘆溝橋事變後中國向國際的申訴》七七事變後中日軍事衝突加劇，但鑒於雙方勢力懸殊，中國仍寄望透過國際干涉以制止日本侵華野心。本冊文件集中在中國向國聯控訴日本侵略（1937）。內容包括是年9月13日中國向國聯提出對日控訴始末。其間涉及國際間聲援、九國公約會議種種相關資料。九、《滿洲國的成立與國聯對日

本侵華的處理》1931 年九一八事變後，因國聯不能有
效制裁日本的侵略行動，日本乃放膽實施侵吞中國計
畫，一方取速戰速決之策，以亡中國；一方為掩人耳
目，實行以華制華之計，製造傀儡組織。1932 年滿洲
國之成立到1938 年扶植汪偽，均此之圖。本集主要內
容有偽滿洲國的成立經過（1932-1935）；中國控訴、
國聯之處理（1931-1933）。十、《偽組織的建立與各
國態度》本冊文件集中在華北自治問題（1935-1937）
及南京偽政權（1938-1943）之醞釀與成立。十一、
《抗戰時期封鎖與禁運事件》戰爭發生後，可注意的
事有三，一是受戰爭影響的敵境及海外華人權益維護
問題、敵僑處理及外僑保護，二是敵人對鄰近地區的
禁運、控制，三是盟國以自身利益出發的措施如何影
響中國。大抵言之，國民政府與同盟國結盟，提升了
國際地位，也保障戰後國際角色的演出。不過，同
盟關係也有摩擦和困擾，例如美國中立法案（1939-
1941）、英國封鎖緬甸運輸通路（1940）對中國造成
的損害。本集資料內容即包括：一、戰時中國政府的
護僑、護產措施；二、日本對東南亞的控制，如越南
禁運、封鎖緬甸、控制泰國；三、美國中立法案、禁
運法案及與日使野村談判；四、1940 到1945 年間日蘇
關係的轉變等。十二、《日本投降與中蘇交涉》1945
年8 月14 日，日本投降，上距七七有八年，距九一八
為時十四年，距甲午之戰五十一年，「舉凡五十年間
日本所鯨吞蠶食於我國家者，至是悉備圖籍獻還。全
勝之局，秦漢以來所未也」。中國戰勝意義自是重

大，但蔣中正委員長在當天廣播中，則不無憂慮的指出：「抗戰是勝利了，但是還不能算是最後的勝利。」顯然國共關係惡化、戰犯處置之外，東北接收與中蘇交涉等棘手問題，均將一一出現。本集資料重在日本投降經過，接收東北、接收旅大與中蘇交涉，張莘夫被害案（1945-1947）。十三、《戰爭賠償與戰犯處理》包含1943年同盟國準備成立戰爭罪行調查會至1948年中國戰犯處理委會工作報告相關文件。十四、《金山和約與中日和約的關係》交戰雙方和約簽訂，戰爭才算結束。中華民國對日和約，遲至1952年日降後六年又八個月才在臺北簽字，原因涉及戰後中國變局。1945年日本敗降，1949年12月，中國共產黨勢力席捲大陸，中華民國政府退守臺灣，這時蘇聯在東亞勢力擴張，國際局勢鉅變，戰勝的中、美、英、蘇、法五強，對東亞新秩序的建立，有複雜考量，同盟52國在舊金山召開對日和會，直到1951年9月8日，才有蘇、波、捷之外的49國參與簽訂的金山和約。當時中華民國未獲邀參加，次年（1952）4月28日在臺北正式簽訂中華民國對日和約，結束了中華民國與日本的戰爭狀態。由於戰後美國在東亞扮演舉足輕重的角色，因此也可看到中、美、日三方外交穿梭的足跡。本集資料主要有一、中國對金山和約立場表示（1950-1952）與金山和約的簽訂；二、中日雙邊和約前的籌議，包括美方意向、實施範圍、中日雙邊交涉及名稱問題的討論。十五、《中華民國對日和約》二戰結束後，冷戰接踵而來，1949年後中國形成一國兩

府的分裂局面，蘇、英、美對誰能代表中國與日本簽訂和約有分歧看法，1950 年韓戰爆發，英、美獲得妥協，同盟國對日舊金山和會不邀中國參加，在美方折衝下，日本決定與中華民國政府商訂雙邊條約。1952年2月，日代表河田烈與中華民國外交部長葉公超在臺北磋商，最後雙方簽訂「中華民國與日本國間和平條約」，雙方互換大使，直到1972 年9 月，遷移臺灣的中華民國政府與日本維持了約二十年的正式外交關係。這本資料集彙聚雙邊和會的一次籌備會、十八次非正式會議及三次正式會議紀錄，完整呈現整個會議自籌備至締約的過程，史料價值極高。

四

　　如果說抗日戰爭是八年，那麼九一八後的六年是中國忍氣吞聲、一再退讓的隱忍時期，七七事變應是中國人吃盡苦頭、退無可退的情況下，為求生存而奮起的開端，此後的九十七個月，在烽火下的中國百姓，過的何止漫漫長夜。八年中前五十三個月，中國孤軍奮鬥，後四年才有盟軍並肩作戰，其間大小戰鬥無數，國軍確實是勝少敗多，即使勝利前多，說國命堪危也不為過。這次戰爭，日本固然掉入難以自拔的泥潭，中華民國政府也在獲得遍體鱗傷的「皮洛式勝利」（Pyrrhic Victory）後，隨即江山易色，勝利者反變成另一場戰爭的失敗者，其後政局的演變，似乎不容易給史家，從容寫出恰如其份的抗戰史來。

　　1970 到1990 年代，中研院近史所曾利用庫藏外

交部檔案，出版過民國時期「中日關係史料」十五種
二十一冊，選題時間範圍只限於北京政府時期（1912-
1928）。本社出版這套《彙編》，正好延續了其後國
民政府的時段。這個時段提供了局面更為複雜的交
涉、戰鼓不斷、煙硝不熄的中日關係發展史料。

　　有了新史料，就會有新議題，就可期待史家新研
究成果的出現。我們出版史料的初衷是如此。

編輯凡例

一、本書原件為俗體字、異體字者，改為正體字；無法
　　識別者，則以□符號表示；挪抬及平抬一律從略。

二、本書排版格式採用橫排，惟原文中提及如左、如
　　右等文字皆不予更改。

三、以上若有未盡之處，敬祈方家指正。

目錄

第一章
日軍在中國境內繼續挑釁

第一節　日海軍繼續在各地挑釁

一　日軍人在閩挑釁

福建省政府呈國府電

民國廿一年一月三日發同日收

萬急。南京國民政府行政院鈞鑒，外交部勛鑒：密。本日下午各學校學生，在西湖公園開遊藝會，宣傳抗日工作。駐福州日本領事及日本軍艦北上號正副艦長前往該處，對於遊藝會所貼標語當場撕毀，並攜有攝影機、手槍，表示種種侮辱態度，激成眾怒，致生衝突。該正副艦長面部略受微傷，經軍警保護，將該領事及正副艦長護送市公安局。學生等數百人，隨到該局包圍五、六時之久，要求扣留該領事、正副艦長及攝影機，並須由該領事等具悔過書，一面由政府嚴重交涉等情。頃群眾復由公安局擁至省府請願，經各委員，戒嚴司令，極力開導，允呈中央辦理，並飭軍警保護該領事、艦長安抵回領署。查此日事確由該領事等有意尋釁，而群眾中又多係未成年之學生，且日領事及正副艦長均著便服，不知係是領事、艦長，致發生此不幸之事。務懇中央向日使提出嚴重抗議，以平民憤，毋任企禱，並盼電示。福建省政府叩，冬亥。

外交部照會日本駐華公使

民國廿一年一月三日

為照會事。准福建省政府電稱，駐福州日本領事及日本

軍艦北上號正副艦長，身著便服攜帶手槍赴西湖公園遊藝會撕毀標語，表示種種侮辱態度，意存挑釁各節，業經本部提出抗議，要求轉飭該日領等，嗣後格外慎重免滋事端。茲又准該省政府來電，以該日領及北上號正副艦長在公安局要求取締抗日工作，儘五日十時前，須將各項標語撤除，否則自由動作等語。查中國人民對於日本軍隊侵佔東省各地之非法舉動表示正當之憤激。中國政府迭次命令布告，予以節制，使不發生法律範圍以外，以便國聯決議之實行。此節曾於上年十月十三日備文通知貴公使在案，乃值茲國聯行政院實行十二月十日決議，促進本案解決之際，中國人民並無軼出法律範圍行為，而該日領等竟有上述之挑釁舉動，並向福州公安局提出限日撤除標語，否則自由動作之要求，似此輕舉異動，殊屬不合，如因此發生不幸事件，應由日方完全負其責任，特再嚴重抗議，照請貴公使迅對該日領等，嚴電誥誠，勿得擅行自由動作，並希見復為荷，須至照會者。

福建省各團體呈外交部文

民國廿一年一月廿六日

呈為請願事。竊以近月以來，日人在閩無端挑釁，派兵增艦，任意登岸，肆行搗亂，無所不用其極。一月二日福州西湖公園，學界開抗日救國宣傳大會，竟有日人三人在場撕毀標語，開槍射擊，反向我省政府百般威脅。一月三日倉前山又發生水戶參雄被殺案，事係日籍臺人因姦殺害，而日領竟誣我方暗殺，以圖嫁禍，一月九日

復有福州東方、新潮兩報登載日皇狙擊事，日領竟向省
政府提出標封報館，逮捕記者。以上三事，均係暴日無
端挑釁，蓄意搗亂，向省政府提出無理要求。其要點如
下：（一）將肇事學生送交日領署懲辦。（二）要求省
政府取締全省反日運動。（三）將全市反日標語全部洗
刷。（四）解散全省所有反日會。（五）要求省政府限
期緝捕兇手。（六）要求省政府取締反日言論及紀載。
（七）要求省政府委員及黨指委向日領道歉。而閩省政
府屈於暴日之威脅，不惜喪權辱國，承認日方所提出種
種條件；（一）解散全省反日會並制止全省抗日運動。
（二）懸賞緝捕暗殺水戶參雄夫婦兇手及賠償撫卹費五
萬元。（三）標封東方、新潮兩報及逮捕記者。（四）
省委及黨指委正式向日領道歉。（五）由省委林知淵偕
同日領巡視洗刷全市反日標語。似此媚外辱國之省政
府，對於日人在閩之種種暴行，不特不提出嚴重抗議，
反對於日領所提出種種無理要求，且一一承認。喪心病
狂，莫此為甚。閩省各界以省政府措施失當，憤慨異
常。茲經全體議決，特派代表陳志浩等六人來京，請願
要點如下：（一）請求中央對日人在閩無端挑釁，派兵
增艦，提出抗議。（二）限日方開閩日艦即日離閩，此
後日水兵不得任意登陸。（三）否認閩省府承認日方所
提出種種無理要求。（四）請中央令閩省府即日恢復全
省抗日運動。（五）請中央嚴懲公然壓迫言論，制止抗
日運動之閩省府。（六）請中央撤辦辱國媚外之閩省
府。以上所陳，務懇鈞部從速迅向日領提出嚴重抗議，
以慰民望，而挽國權，不勝迫切待命之至。謹呈

二　日艦在汕頭挑釁

汕頭市政府呈國府電

民國廿一年一月三十一日發二月二日收

萬急。南京抄送國民政府主席林、各委員、各院長鈞
鑒：本月寒（十四日）巧（十八日）迭接駐汕日領來
函，以汕報社評登載朝鮮革命黨彈擲僑督，惜乎擊之不
中等項新聞，認為有侮辱日本天皇文字，提出抗議，要
求懲辦汕報主稿人及勒令停刊，政府道歉，今後取締及
保證。職連日據理與日領嚴重交涉，詳明解釋，拒絕無
理要求。艷（二十九日）日日領及日艦長仍伸前議，多
方要挾。因滬、閩兩處同樣事故發生，來意萬分強硬，
並限二月一日以前圓滿答覆，否則取斷然行動。職不為
屈服，仍據理駁論。陷（三十日）日艦連晚施放機關
槍，探射我軍事機關，並在日領萬安裝飛機，所有日僑
已搬徙一空。職認為該日艦此種動作有失國際禮貌及違
國際公法並且惹起市民誤會，一再提出嚴重抗議，陷晚
已允許停止上項動作。世（三十一日）日日艦海軍司令
後藤少將乘□艦到汕，職以日艦陸續增加，易惹起市民
誤會，即去函制止，日方置之不理。計現駐汕日艦共有
三艘。如再來即擬實行制止。至汕報事件，尚在繼續交
涉，或可圓滿解決。除隨時分電粵省軍政長官請示及聯
絡當地軍事機關相機應付外，謹此電陳。汕頭市市長黃
子信叩。世印。

外交部照會日本駐華公使

民國廿一年二月四日

為照會事。案准廣東省政府電稱，駐汕頭日本領事以汕報登載朝鮮革命黨彈擲日皇事，提出抗議，要求懲辦汕報主稿人，並勒令停刊，政府道歉，今後取締及保證。經汕頭市政府交涉，允予勸告各報慎重登載，而日領及日海軍艦長仍堅持前項要求，限二月一日以前圓滿答復，並以海軍取斷然行動相要挾。連晚日艦更以探海燈向中國軍隊駐所探射，並放機關槍空槍示威。日僑已由飛機搬徙一空。向其交涉，均置不理，實屬有意挑釁。又准湖北省政府電稱，日海軍在漢口日租界南小路及大正街等處，以沙袋堆堤掩堡，越界出灰石路三、四尺。又越界在興元街馬路中心由六國坟地至碼頭一帶，挖洞豎樁、安設電網，現正在加緊工作中，往來車輛不能通行，以致人心惶惶。漢口公安局以日海軍此種行動妨害交通，當經電話通知日警請其制止。據復稱，事關海軍權限，未便干涉各等語。查汕報記載事，業經當局允予取締，日艦借端挑釁，殊屬不合。漢口日海軍越界建築防禦工事，亦顯然故意使形勢嚴重，倘因此釀成意外事變，其責任應完全由貴方負之。中國政府現為防止事態擴大起見，已電廣東省政府對於汕報斟酌情形依法辦理，應請貴公使迅予轉達貴國政府嚴電制止海軍自由行動，及一切足以使形勢趨於嚴重之行動。相應照會，即希查照辦理，並見復為荷，須至照會者。

日本駐華公使館致外交部照會（譯文）

民國廿一年二月十日

為照會事。關於汕頭日報登載不敬記事問題，日本駐汕軍艦舉行示威行動，暨日本居留民全部由飛行機搬徙，及日本海軍在漢口日本租界堆築土囊，越界施設防禦工程，妨礙交通，公安局與日本警察交涉無效，各節業經閱悉。

查駐汕帝國軍艦之行動，僅止於軍艦上施行訓練，並無何等他意。至於居留民由飛行機搬徙一事，全無其事。汕頭市政府官吏認此為挑戰的舉動，完全屬於誤會。務希貴國政府訓令該地官吏解除誤會，迅與本國領事接洽，並速行解決關於汕頭日報不敬記事之懸案。

再關於本國海軍防備漢口租界，因最近湖南情勢不穩，暨共產黨活動之威脅，在保護本國居留民見地上言，僅施行一種防備租界方法，並無妨礙交通意思，務請貴國政府訓令貴國漢口地方官吏，應本國駐漢總領事之希望，對於該地方維持治安，安定人心，並保護本國人民，期無遺憾。相應照復貴部長查照，須至照會者國民政府外交部長羅。

昭和七年二月十日

日本帝國特命全權公使　重光葵

汕頭市長黃子信呈外交部文

民國廿一年二月廿二日

呈為呈報事。查汕市自潘案發生後，各界抗日運動風起雲湧，駐汕日領往往以極小事故橫來要脅。市長一本不

屈不撓態度，相與周旋，幸能弭患無形，地方賴以寧
謐。一月十四日接日領來函，略稱汕報社評登載「讀朝
鮮革命黨李鳳章彈擲倭皇」一則，內容荒謬絕倫，竟敢
對我天皇作此大不敬之文字，提出抗議，希予以懲辦。
續准一月十八日及一月廿一日函請懲辦汕報濫載不敬文
字，並提出四項要求：（一）懲辦主稿之原犯者，並停
止汕報刊行。（二）汕報正式道歉，並須登同報廣告
上。（三）貴市長書面道歉。（四）今後取締及保證。
以上四項，務希從速辦理各等由，准此。旋准日領來府
談判，市長當以汕報所載文字，既非含有惡意，更無侮
辱意義與之反復辯論達數小時之久，拒絕接受四項無理
要求，祇允通令各報，嗣後慎重登載對日文字，並一面
據理書面駁復。殊日領機謀狡詐，詭譎異常，初則強詞
奪理，繼則利用兵艦威脅，對於提出四項要求，限期二
月一日以前圓滿答復，否則日艦取斷然行動。態度崛
強，莫可理喻。一面日兵艦於一月廿九、三十連晚施放
空槍示威，用探海燈向我軍事機關探射，並在領事館安
裝飛機，旅汕日僑搬遷一空，情勢險惡，間不容髮。市
長處此危急狀況之下，乃不分日夜，以外交手腕與日領
嚴重交涉，對於日艦之放槍示威，認為有擾亂我本市地
方安寧秩序，對於用探海燈探射我潮梅最高軍事機關，
認為違背國際公法及國際禮貌。復反提出抗議，要求日
方道歉，以為抵制汕報事件之地步，往復駁論，舌敝唇
焦，最後終得日領就範，達到制止海軍示威舉動。汕報
事件則由該報具函，略表歉意，作為圓滿解決，並聲明
此後不得再事要求。似此解決既與我政府體面毫無關

礙，而於地方可保持和平，當於本月一日雙方交換文件完妥，同時由職府通令汕市各報，嗣後凡文字上如有涉及各國元首之言論紀載，應有相當之敬重，並飭在此外交嚴重時期，務宜慎重登載。一場險惡風雲，獲告平息。現在駐汕日艦尚有二艘。本月三日又接日領函，知尚有一艘進口，當此對日外交嚴重之際，駐泊多量日艦，深恐惹起市民誤會，業已去函日領，請其於最短期內，將現駐兵艦酌量駛離汕市，以安人心。隨接日領電告，擬三日進口之艦現已不來等語。目下汕市治安寧謐，防務周密，尚無他虞。除隨商請駐防張師長注意防範暨分呈外，所有本案交涉經過情形，理合抄同與日領往來函件及談話，備文呈報，察核備案，謹呈國民政府外交部。

計抄呈與日領來往函件及談話、壹帙汕報原登社評一紙。

汕頭市長　黃子信

三　日艦及下關砲射擊

外交部致日本駐華公使照會

民國廿一年二月二日

　　據衛戍司令警察廳長報告，停泊南京下關之日本軍艦，突於本月一日下午十一時後，陸續發砲八響，用探照燈探照命中獅子山下關車站，北極閣、清涼山、幕府山等處。同時，發放機槍步槍至十二時後始止。中國方面為避免衝突，並未還擊等語。查日本陸戰隊不顧國聯行政院決議及九國條約與非戰公約，進攻上海中國軍

隊。中國人民正在憤激時，乃該日艦復在下關無故發砲放槍，實屬故意擴大事態。因此挑釁行為之發生之一切責任，應由日本方面完全擔負。茲特提出嚴重抗議，應請查照，迅令該日艦等，不得再滋事端，並保留正當要求之權。

外交部電駐外各使館

民國廿一年二月二日

急，Sinolegate Berlin, Washington Tokyo 轉駐歐洲、美洲各使領館、日屬各領館。Sinoconsul 爪哇、新加坡、海參崴轉荷屬南洋、俄屬各領館覽，停泊下關之日本軍艦，突於一日下午十一時後陸續發砲八響，用探照燈探照命中獅子山、下關車站，北極閣、清涼山、幕府山等處，同時發放機槍、步槍至十二時後始止，我方為避免衝突並未還擊。日本如此不顧國際聯盟行政院決議及九國條約與非戰公約，進攻上海，國人正在憤激之時，乃復在我首都無故發砲放槍，實屬故意擴大事態。除已提出嚴重抗議，保留正當要求之權，並電告國際聯盟外，仰即通告駐在國政府，請其主持公道，並廣為宣傳。外交部。

日本駐華公使館致外交部節略

民國廿一年二月二日

南京下關日清碼頭警戒中之帝國海軍，本月一日午後十一時突遭中國正規軍不法攻擊，同時並受獅子山砲臺三發之炮擊，致生重傷者一名及輕傷者一名。因之，帝

國海軍在自衛上，不得已加以反擊。無幾，中國方面沉默，帝國海軍亦即行中止反擊。務使攻擊損害止於最少限度。查日本公使館鑒於最近上海方面情形之惡化，雖使駐南京帝國領事及館員並僑民，全部避難下關日清碼頭。同時由駐南京帝國領事，對於中國各關係機關屢次警告，慎重措置辦法，而中國方面突然出於如本件之挑戰手段，甚為不合。因此，帝國公使館對於國民政府外交部提出嚴重抗議，並聲明保留關於本件帝國政府之權利也。

昭和七年二月二日
駐中華民國日本帝國公使館

駐朝鮮盧春芳總領呈

民國廿一年二月三日

為呈報事。昨二日漢城鮮文報紙，如朝鮮日報、東亞日報各大報館，關於日艦砲擊南京事，均發行號外，標題為「日本軍艦無警告的開始砲擊南京，美國軍艦亦避險」。據僑民報告，親見該項號外中途被日警押收，且日人對於行路華人近已發生仇視侮辱之行動等語。至於號稱鮮督府機關報之日文京城日報，關於砲擊南京事，於鮮文各報發行號外之後，亦發有號外。其標題則為「華方開始射擊下關警備之（日本）陸戰隊，我（日本）軍艦亦應射」云云。其用意所在，自可不言而喻。理合檢同各該報號外關於日艦砲擊南京記事譯件，呈送鈞部敬乞鑒核。再自上月二十八日滬變發生以來，此間各報館無不每日發行號外多次，有謂中國已決定對日宣

戰者，有謂南京日領拍發官電有被押收之疑者，僑情至為衝動，屢屢電詢本館，請示行止。經告以鎮靜注意，勿相驚擾，其有自欲回國者聽便等語，合併附陳，謹呈外交部、次長。

駐朝鮮總領事盧春芳

附譯件二件

譯朝鮮日報號外

民國廿一年二月二日（東亞日報號外措辭相同）

日本軍艦無警告的，開始砲擊南京，美國軍艦亦避險（上海二日發。午前四時五分到，至急，電報聯合）茲由當地英人方面有可信之報道，自一日午後十一時十五分下關日本軍艦開始砲擊南京云。

（華盛頓一日發。電報聯合）茲接報告，美國海軍因南京日本艦無警告的開始砲擊南京，其附近淀泊之美國驅逐 Seppuson 號避到安全地帶云。

譯京城日報號外

二月二日（以下照譯原文）

華方開始射擊下關警備之（日本）陸戰隊，我（日本）軍艦亦應射

（東京電報）南京二日發海軍省著電：昨夜午後十一時，南京獅子山三發砲擊，同時中日（日清）躉船警戒中之我（日本）部隊受正規軍之攻擊，求援而來，因即命各艦警戒以鎮壓之目的，「對馬」加以八發，「天龍」加以二發之砲擊，午後十一時十五分射擊中止，並命天龍對馬於驅逐艦「夕目」掩助之下，在今曉零時

五十分收容警戒隊至領事及其他官民乘用之「雲陽丸」
在砲擊開始時，轉錨於軍艦「平戶」上流三海里地點。

四　日機飛蘇州等處偵查擲彈

江蘇吳縣縣政府呈外交部文

民國廿一年二月十八日

南京外交部部長羅鈞鑒：篠日上午，日飛機六架飛蘇，
迴翔天空，下午四時，又來五架，向四週飛翔。巧晨復
來三架，飛向葑門外新建飛機場上。據在場督工之建設
局長錢天鵬面陳，竟有開射機關槍情事，致工人驚散，
旋即他去。查蘇州係通商口岸，城廂內外，華洋雜處。
機場所在地，且與英商亞細亞、美商美孚行油棧為鄰。
縣長負有維持本縣地方治安，保護僑商生命財產之責。
現在英、美、日三國僑商，雖已次第離境，而美僑尚有
數十人留蘇，如日方飛機繼續飛蘇，勢必引起地方誤
會。設以此而危及外僑暨縣屬人民生命財產，誰負其
責？況我國領空權並未放棄。滬案發生，日方又屢次聲
明係屬局部問題並未對我正式宣戰。茲忽以飛機任意飛
蘇，侵我空權，窺我內地，似係有意擴大，甘為戎首。
駐防軍警，防不勝防，地方民情尤形忿慨。駐蘇日領
事，現已離境，就近無從交涉，自應請鈞部向日方提出
嚴重抗議，制止日機再來，以保治安，而防意外。除電
省政府外，理合專電陳請仰乞鑒核施行，江縣吳縣縣長
吳葭叩，巧印。

外交部致日本駐華公使照會

民國廿一年二月廿二日

為照會事。據確實報告，日本飛機自本月十七日至二十日止，來蘇州飛翔，計共八次。每日或一、二次或三次，每次或三架或五、六架，或在四週飛繞，或在葑門外新建飛機場上迴翔。十八日上午之日機且曾在葑門外開放機槍多發，實屬非法。請向日方抗議，迅為制止，並聲明，倘日機此後再有此類情事，則我方為謀正當防衛起見，將取必要之行動等語。查日方海、陸、空軍不顧國際公法、國際公約及國聯行政院迭次勿使事態擴大之決議，無端攻擊中國國際商場之上海，近復派遣飛機多架，屢次飛至蘇州等處迴翔，並有開射機槍情事，此等不法行動顯有威脅上海附近，務使時局益趨擴大之企圖，中國雖始終未變，嚴守行政院決議勿使事態擴大之初衷，然當茲上海情形繼續緊張之際，倘日本飛機此類行動仍復繼續不已，中國自不得不謀緊急之防衛，茲特向貴公使提出嚴重抗議，請迅電貴國政府嚴電制止日機，勿得再有此類行動，致擴大情勢，並希查照辦理見復為荷，須至照會者。

五　日艦在江蘇新塘楊林口開砲

江蘇省政府咨外交部文

民國廿一年八月四日

為咨請事。案據太倉縣縣長趙恩鉅轉據縣公安局代理局長夏春淦報稱：據第一分局長吉增昌呈稱，據職分局派

駐閩兵臺協助塘工巡士馬善平到局報稱，十六日下午五時，長江中心停有灰色兵艦三艘，距岸太遠，未能辨晰屬於何國。須臾，該兵艦驟然發砲轟擊，砲聲隆隆，附近居民異常恐慌，幸彈未著岸。故即飛報鈞長，迅即派員調查等情。據此。職即派巡長孔慶泉率同巡士，前往海口察看，迨後據該巡長報告，三兵艦仍停泊海中，目下砲聲已止等語。據報後，職當即於是夜飭令長警加緊巡防，以恐事變。至翌日晨，幸尚無事。又派謝倱員德榮備帶望遠鏡往海口偵察，報云：兵艦三艘距離太遠，難辨屬何國籍，今日九時，三艦向長江上游駛去。在開往時，又發砲五響，均落海中，並無損害等語。理合報請鑒核等情。據此除指令飭警嚴密注意防範外，理合具文呈報。仰祈鑒核轉報等情。據此除指令外，理合據情轉報，仰祈鑒賜，轉咨外交部照會各國海軍，勿再無故開砲，致擾安寧，並祈指令祇遵等情，除指令外，相應咨請查照核辦。此咨外交部。

主席　顧祝同

六　駐平日軍夜間演習

外交部致日本駐華公使照會

民國廿一年九月十二日

據確實報告，上月十八日夜十二時餘，有駐北平日本使館衛隊百餘名，在東單牌樓二條胡同、三條胡同一帶，演習夜操襲擊式，至五時二刻始行回營。又上月二十五日夜二時，有駐北平日本使館衛隊百餘名，攜帶機關

槍、子彈車，分往船板胡同、總布胡同、三條胡同等處，演習夜行軍，至四時三刻回營，中外居民，驚恐異常各等情。查各該處或地當衝要，或屬商業及居宅區域，駐北平日本使館衛隊，竟輒於深夜越界，武裝演習，妨害安寧，殊有未合，應請查照轉知該管軍隊長官，對於指揮此次日軍越界演習者，加以嚴重誥誡，嗣後勿得再有此種舉動，並見復為荷。

七　下關日艦水兵登陸架槍示威

首都警察廳致外交部公函

民國廿一年九月廿二日

逕復者。案准貴部公函第五四零四號略開，以下關日兵艦在躉船碼頭加派步哨各節，經派員向日方交涉情形函達查照等由。准此，查下關大阪碼頭，平時向未駐有日本水兵，甫於本月十三日下午六時四十五分有駐京日本天龍艦水兵十二名，各帶三八式步槍並子彈五箱至大阪躉船。當即放出步哨兩名，一在船頂，攜帶望遠鏡旗語，一在碼頭。旋又在躉船門內，加放哨兵一名，而將碼頭哨兵站在跳板之上。又據大阪碼頭崗警徐敏堅報告，詢據大阪躉船中國籍茶房聲稱，大阪躉船現由天龍兵艦下來水兵二十名，帶有機關槍兩架並子彈等語。當即詢其姓名，該茶房未答，即往躉船而去。十四日上午六時，仍由天龍艦派來水兵十二名到大阪躉船，替換帶望遠鏡及旗語，放哨站崗如前，十五日上午六時天龍艦所派水兵十二名仍回原艦。由日本桃艦下來徒手水兵

十二名，接替勤務。十六日上午七時二十分，該水兵等
仍回桃艦。同時，該艦下來水兵十二名，帶有步槍九
枝、手槍三枝，復至大阪躉船並放出徒手步哨二名，仍
分站躉船門內及躉船船頂。該水手等於十七日上午八
時，仍回桃艦。同時，由天龍艦下來水兵十二名，各帶
步槍至該躉船徒手守衛，至十八日上午七時四十五分仍
回天龍艦。同時，並由該艦下來水兵十二名帶步槍十
枝，手槍二枝，來躉船接替，並放出步哨二名於躉船門
內及船頂。又下午七時十八分該桃艦由中山碼頭以南江
面，開往三汊河停泊，以上經過情形除電呈蔣委員長察
核，並將該碼頭嗣後日兵駐守情形逐日函達外，准函前
由，相應函復，即希貴部查照為荷。此致外交部。

第二節　日本軍民在中國領土肆意擾亂

一　日軍在戰區強劫等非法行為

軍委分會何應欽北平致軍委會等電

民國廿二年三月廿一日發同日收

急。南京軍委會並轉軍參訓三部外交部羅部長鈞任兄。密。（一）據商總指揮震轉據冷口黃師長光華號戌電報：（1）萊峪雙山兩處，有敵雜色部隊駐守。現敵正徵集民夫在萊路峪築飛機場。又馬圈子到有敵騎百餘。（2）遵化劉縣長皓電稱，本日午刻由熱境飛來敵機五架，向縣城擲彈廿餘枚，毀民房九處，傷十餘人，死女二男三。（二）據徐軍密雲電話，古北口敵情無變化各等語。謹聞，何應欽，馬申印。

北平軍委分會電

民國廿二年六月卅日發七月一日收

南昌委員長蔣、南京行政院長汪、軍事委員會軍政部、參謀本部、外交部柱：密。（一）據商總指揮艷電稱：（1）密雲城內及古關約有敵步兵五百餘名，均住商號及民房，不准難民回家。（2）城關附近時發生日軍借檢查為名，搜索財物。（3）漾日由懷柔派出警察卅名到牛欄山。（二）據宋總指揮艷電稱：（1）灤東偽軍分兩大派，一唐山派，以李際春為中心。一秦皇島派，以白堅武為中心。兩派共有二萬餘人，因防地暗鬥甚烈，均受日方接濟，積極擴充。（2）李國瑞部擔任密

河防務，現漸向西推進。（3）香河境內近發現偽軍便衣隊甚多，到處搶掠。（三）蘇縣駐日軍卅餘名，每日變賣搶掠物品。（四）敬日由唐山開到遵化裝甲車七輛運米彈藥甚夥。（五）日軍在玉田築有飛機場，有機一架。城內駐有日軍二百餘人，裝甲車七輛。（六）近由唐山運至密雲軍用品甚夥等情。謹聞，北平軍委分會第一廳，卅，戰印。

軍委分會何應欽北平致外交部電

民國廿二年四月六日

南昌委員長蔣鈞鑑，南京軍事委員會鈞鑒、軍政部、外交部、參謀本部、訓練總監部、武昌剿匪總司令部勛鑒：密。（一）榆關方面，支西敵機兩架，一沿北寧路，一沿平榆大道向西方偵察，另一部飛撫寧投彈五枚，炸傷城內婦人一名，房一間。（二）冷口方面：（1）右翼敵人偵察小嶺子河南旺木橋，並限令百姓修築道路。（2）八道河有敵百餘，設有兵站，並架電線通寬城，據聞該敵擬攻白羊峪及擦崖子等口。（三）從下打虎店經蕭家營北鞍部至文丈子之道路已修成，能通汽車。由文丈子經前茶嶺段橋溝牛心山至七撥子之道路，敵正僱用百姓修築，尚未完成。又據報，有由西來敵人二百餘經熊虎頭時，被我義軍襲擊，激戰數小時。我義軍退回，敵向王廠方向前進。（四）支申敵小部隊襲擊我山神廟陣地，當被擊退。（五）寅刻敵機一架在我體道溝附近投彈十數枚飛去，巳時又來一架在冷口盤旋時許，投彈轉去。（六）喜峯口方面，據報董家口外

發現偽軍程國瑞二千餘，似有進犯之樣，近來敵機屢在
埡井關一帶盤旋，未擲彈，前退踞壽王墳一帶之敵，仍
在該處積極構築工事中等情。謹聞，何應欽叩，令戰魚
（六日）印。

二　日軍強設郵局

行政院訓令

民國廿二年八月廿五日

案據交通部密呈稱：

案查前據郵政總局支代電稱：據北平郵務長巴立地江電
稱：「據古北口郵局長報告：『日人突於七月三十一日
藉詞古北口係在偽國境內，迫令我局停開，職及員工均
退在石匣候命。』等語。除報告平軍委分會何委員長
外，電請鑒核。」等情。據此，業已令飭該郵務長迅將
詳情續報，除俟報到再行轉呈外，謹先電請鑒核等情。
當經電復，仰將續報情形轉報候核在案。茲續據該總局
呈稱：茲據該郵務長巴立地呈稱：「據古北口郵局長張
秉忠呈略稱：奉令接充古北口局長後，某方藉口偽國境
內不許設立中華郵政，迫令退出事。不得已遂將局中票
款、檔案、傢具裝捆就緒，暫退石匣聽候辦理。又據密
雲局長李孟宗呈報：古北口郵局，已被其接收各等情。
查古北口郵務，係於六月十四日恢復，當時曾得該地某
方機關之同意，並發給許可證懸掛局內，此次忽被強迫
退出，不知何故。除已報告北平軍委分會何委員長外，
所有該處郵務，應如何設法辦理，理合照抄各原呈，報

請鑒核。」等情。據此,查古北口郵局恢復經過情形,前已由第七零九號、第八零二號密呈呈報在案。茲據前情,除指令該郵務長,隨時體察地方情形,相機妥慎辦理具報外,理合照抄古北口及密雲局呈文各一件,呈請鑒核。」等情,附呈抄呈二件到部,查茲事關係重大,應如何辦理之處,理合抄同原附件,呈請鈞院鑒核指令,以便飭遵,等情。據此,應由該部會同行政院駐平政務整理委員會妥議辦法具復,除指令並分行外,合行抄發原附件,令仰該部即便遵照此令。

計抄發原附件二件

照錄密雲三等郵局第四十二號呈文

為呈報古北口郵局已被日人接收由

　　為呈報事。郵差傅振邦今晨七點半到密雲局面稱,古北口局已被日人接收,票款等均退來密雲局收存。郵差云張局長秉忠等已退至石匣鎮暫避,亦未見張局長來函。以上情形,確實無訛。職並函報駐順義局張嗣文巡員,為此呈報。謹呈郵務長。

　　　　　　　　　　　密雲三等郵局長李孟宗呈二十二、八、二

照錄古北口郵局第十五號專呈

為古北口局被日軍驅逐出境暫遷居石匣請示辦法由

　　敬呈者。竊員奉接充古北口局長後,即拜謁盛巡員,詢古北口地方情形,當蒙盛巡員詳加指示,言古北口當地長官,為日軍警備司令部及憲兵隊長。伊在古北口時,拜會憲兵隊長,未拜會警備司令,曾受挫辱。至

密雲見張巡員嗣文便可指示途徑。員至密雲見張巡員，
詢問以往情形，云果有其事，至古北口可拜會兩方請予
便利。員於七月三十日將局務接收完畢後，三十一日上
午十一時拜訪日本憲兵隊，由翻譯關谷接見，客氣數
語，即行辭出。隨即訪警備司令，由松浦延見，傍一韓
人翻譯，茲將談話列左：

寒喧後，松浦問，員答。

問：閣下由何處來口？	答：來自北平？
受何人任命？	北平郵務管理局郵務長。
此處為滿洲國境知否？	不知。
郵局修理房屋是否郵局產業？	是房東修理，郵局租賃。
滿洲國境有中華郵政未免奇怪，開辦時必當制止。	經日本憲兵隊許可已開辦月餘。
開辦月餘何以今日方到？	前局長因病請假，昨日方接收完畢。
問：郵局須退出古北口。	答：事關重大，須兩國政府裁判。
在新開岑或石匣設立	私人不敢主張。
對於郵局交涉應在何處？	北平郵政管理局。
暫時仍舊靜待交涉？	靜應北平總局命令是從。

言畢辭出，返回局所。不料不過半小時，來一便衣
華人夫役，言司令請郵局長有事。員不得已隨同前往，
經司令早川接見。見面後，毫不容氣，即云停戰協定，
業經兩國簽字蓋章，國境定於南天門以南，滿洲國境
無中華郵政存在之可能，急速退回。員對以須報總局請

命，彼即怒容滿面云：中華命令不能行於滿洲國境，速
離開。否則，按擾亂滿洲國治安論罪，速退。員迫不得
已，隨柴榮春回局（二次均與信差柴榮春同往），將局
中所有票款、檔案、傢具捆裝就緒、明日暫退石匣、使
柴榮春看守。傢具檔案、票款，發密雲局保存。員隻身
赴平面見鈞座，請予以辦理不善之罪，嚴加處罰，實為
德便。謹呈郵務長。

古北口郵局長　張秉忠
二十二年七月卅一日

外交部咨行政院駐平政務整理委員會

民國廿二年八月卅一日

為咨行事。案奉行政院第三九〇四號訓令，關於日方強
迫古北口郵局停閉一事，除原文已分行不錄外，尾開：
「應由該部會同行政院註平政務整理委員會妥議辦法具
復。除指令並分行外，合行抄發原附件，令仰該部即便
遵照」等因。查古北口郵務，前經該地日本憲兵隊同意
已開辦月餘，此次日本警備司令忽爾強迫退出，破壞
我國郵政，擬請貴會派員就地向日方妥為交涉，俾該
地郵務，照舊恢復，相應咨請查照辦理，並希見復為
荷。此咨

三 天津日人嗾使華民擾亂地方

行政院秘書處致外交部函

民國廿年十一月十一日

敬啟者。奉兼院長蔣發下張副司令佳電，告庚晚十時半天津日租界內，忽有便裝攜槍華人二千餘名擾亂地方及我方防禦，並與日領交涉各情一案。奉諭抄交外交部等因，相應抄同原電，函達查照右上外交部。計抄送原電一件。

行政院秘書處謹啟

抄原電

南京中央黨部、國民政府鈞鑒：各院部各委員會、各省黨部、省政府、各市黨部、各市政府、各總指揮、各督辦、各司令、各軍師旅長勛鑒：全國各報館均鑒：據報庚晚十時半，天津忽有便裝攜槍華人二千餘名，在日租界海光寺集結。據事發後被拿獲者供稱，由日人數名監視之下，發給大槍、自來得槍、手槍、小手槍、手溜彈，並給每名現洋四十元等語。十一時許，由海光寺衝出百餘名，向中國地警所襲擊，同時並有大部便衣隊由日租界內衝出，以省市政府暨公安局為目標，分頭前進。當由我市保安隊警察合力抵禦，青晨一時，王主席為使各國明瞭真相起見，派員將事實通知各國領事，請其注意，並向日領要求負責取締日租界內之便衣隊。迨至四時津日軍司令官用電話向王主席口頭要求，限中國軍隊及保安隊警察等，於即日上午六時以前撤退至距日租界三百米突以外地域。王主席詰以此種要求據何理

由，正談間，據報又有大批便衣隊續由日租界衝出。王主席因日方要求毫無理由，當答以在距日租界三百米突以內並無中國軍隊，祇有保安隊及警察維持治安。現正在極力防禦暴徒中。事實上，殊不便命令撤退等語。至五時三十分，日方又來催迫，王主席立即下撤退三百米突以外之命令，此時我警察已將便衣隊逐漸擊潰，或傷亡或逃回。王主席為預防警察與日方衝突起見，乃於六時前下令撤退。六時卅分，情況已趨沉靜，忽有砲彈三十餘發落我城市之中，考其方向，係由日本花園及海光寺日兵營而來。現正飭由軍警合力嚴密戒備等語。特電奉聞，張學良，佳甲，秘印。

河北省政府王樹常主席天津市張學銘市長呈國府電

民國廿年十一月十二日

銜略鈞鑒：密。此次反動份子密組便衣隊擾亂津市治安，所有經過情形，節經分電中央及總副司令，並分送本市各報發表在案。茲將事變經過前後情形綜核報告於次。查事變發生以前，即迭據密報失意軍人李際春即李鶴翔及張璧等，受日人指使，招集便衣隊十餘名，藏日租界蓬萊街太平里六號，設立機關以李為總指揮，擬於八、九兩日在津密謀暴動等情。經即與駐津日領交涉要求將張璧拘捕引渡，以遏亂源，業經日領允受。乃我方特務會同日警前往拘捕時，該犯竟於事先逃避，當將所得情況通知駐津各領事，一面分飭警隊嚴加警備。至庚（八日）晚十時半該便衣隊果按其預定計劃發動，首在

中日交界地方草廠、庵馬廠，過興華橋魚市一帶，向我方開槍射擊，將我接近日租界之警察一區六所相繼佔據。屢經警隊擊退，旋復猛攻激戰竟夜，便衣隊始漸潰散分別遁入日租界。我一區六所即經恢復，訊據俘獲便衣隊供述與密報情形相同，迨佳晨六時，日方忽以電話向我狡稱，我軍隊攻擊便衣隊，傷及日方官兵，立即退距日界三百米達以外，否則自由行動等語。當告以我方均係警察，並無軍隊，惟為盡力避免事況擴大起見，當即飭令暫退。不意我方撤退後，對方忽發砲二十餘響，彈落公安局附近。河內並有鐵甲車向我方出動，意在掩護便衣隊進攻，經即採取正當防禦，並向日領質問，砲火旋即停止，幸未生變。並據報，日軍在日租界中原公司屋頂架設瞻望臺及軍用電話。此庚（八日）晚及佳（九日）晨接觸之大略情形也。當將經過情形分告駐津各領。佳（九日）、蒸（十日）兩晚及真（十一日）晨，該便衣隊仍不時出動，猛攻我一區六所轄場，及南開馬廠、北洋火柴公司各處，均經擊潰。真（十一日）晨，日軍並向我方開砲數響，檢獲砲彈鑴有大正十五年製字樣，與捕獲便衣隊用之手溜彈鑴字相同。真（十一日）晚，日領偕該國軍部參謀來商解決辦法，故真（十一日）晚及文（十二日）晨，情勢甚為平靜，雖發現少數便衣隊，經防禦旋即敗去。綜核現在情況，較前數日已大為和緩。據報，張璧亦已於昨晨離津，現正在設法搜查此項暴徒。大約不久定可解決矣。恐遠道傳聞失實，謹電布聞，河北省政府主席王樹常、天津市市長張學銘叩，文。

外交部復日本駐華公使館照會

民國廿年十一月十四日

　　為照會事，查自十一月八日夜起，天津忽有大幫便裝暴徒，自日租界衝出，用來福槍、手槍、手榴彈等襲擊中國政府機關，佔領電話局及接近日租界之警察分所，中國當局為維持地方治安起見，當即令就近保安隊及警察為必要之抵禦，是時該暴徒等任意施用武器，致槍彈四處飛射，而同時日本租界方面，亦有槍彈飛入中國管轄境內，在此混亂狀態中，中國方面警察人民，死傷者甚多，正暴徒攻勢稍殺之時，日本駐津司令官，忽堅決要求中國當局命令中國警察、保安隊退出三百米突，否則將自由行動等語，中國方面為避免衝突起見，下令撤退，詎既撤退後，忽有砲彈約卅發，自日本租界打入中國界內，檢查砲彈，發見有大正十五年製字樣。其他獲得之槍械，多係日本所造，被捕之暴徒供稱由日人數名監視之下，發給大槍、自來得手槍、小手槍、手榴彈，並給每名現洋四十元等語，查日本租界當局，完全違反和平通商之宗旨，祖庇暴徒，以租界為陰謀策源地，並容許自界內出發，至中國管轄境內，擾亂治安，攻擊中國政府機關，殺傷人民，危及各國僑民之安全，而其所攜武器，又係出自日方，當時曾經中國地方當局，迭向日本租界當局抗議無效，是此次天津事變，日本政府應完全負其責任，中國政府保留提出適當要求之權。

　　中國政府正在備文抗議間，適接貴公使十一月十二日來照，要求中國軍警撤退，於光緒二十八年（一九〇

二年）關於交還天津換文所定之距離以外，查天津日本駐軍附近，並無中國軍隊，而所有警察及保安隊，本不在該項換文範圍之內，關於此節，中國政府以為遇有事態緊迫，非警察、保安隊力量所能彈壓時，中國政府為保護中外人民之安全起見，或有調遣軍隊之必要，亦不能謂與上述換文之精神不符，惟此次事變，中國政府為實行維持地方治安及保護中外人民之責任，僅命令警察及保安隊竭力抵禦暴徒，數日以來，地方秩序，幸得賴以維持，為各國僑民所共見共聞，此項警察及保安隊，當繼續實行上述之責任，執行其應有之職務，一面應請貴國政府迅令天津日本租界當局，制止一切暴行，如不幸再有上述情事發生，日本政府仍應完全負其責任，相應照請貴公使查照為荷。

天津市政府致外交部公函

民國廿年十一月十九日

逕啟者。案據本市公安局呈稱，案奉鈞府特字第三號密令內開，為密令事，頃准外交部蒸電內開。密。此次貴市軍警捕獲之便衣隊，請飭主管機關嚴密審訊務得真情，所有供詞須令其簽押，俾成信讞。一切證據並請拍照寄部。再以後遇有涉及外交緊要事件，除通電外，務請逕電本部，以免延誤事機等因，准此，除電復外，合行令仰該局遵照。對於此次所獲便衣，務須嚴訊口供，責令簽押，並將一切證件拍照轉寄，以便交涉。仍將辦理情形具報備核，毋稍疏忽，是為至要，此令，等因。奉此，遵查此次便衣隊在中日交界各地方大舉暴動，其

經濟彈藥之來源實出日本供給，且居中策劃一切，凡此
情形胥為世人所共見。自事變發生迄今，計先後由本局
各隊捕獲便衣隊多起到局，節經奉令分別訊辦，轉解在
案。所有重要供詞，遵即摘錄，略如另紙。至於所獲軍
用物，如載重汽車、旗幟、槍砲、子彈、脖刀、臂章
等，並經分別拍照以備存證。其所用大槍，除日製三八
式者外，均係奉天兵工廠所造，韓麟春氏向未啟用，現
為日人擄得運津轉發，證據昭然。除仍飭屬加意防堵，
並嚴密搜查有力證據，隨時轉呈，以備交涉外，理合將
所獲便衣隊摘要供詞開列清單，並將所拍各項照片檢呈
一份。恭請鈞府鑒核施行，計呈送供詞七份、照片十二
張等情。據此，除指令仍嚴密搜查證據隨時具報外，相
應檢同原呈供詞七份、照片十二張，備函送請貴部查照
核辦為荷。此致外交部。
計函送供詞七份、照片十二張。

外交部復日本駐華公使館照會

民國廿年十一月廿三日

為照會事。關於天津事變，接准外第七四號來照業
已閱悉。查來照所開各節，均非當時事實。茲將逐項說
明，請貴公使轉達日本政府，予以嚴重之注意。

（一）來照稱，暴徒係由日本租界外向中國管轄境
內進攻。此點天津市長張學銘已對日本總領事確實承認
等語。查暴徒確由日本租界向中國管轄境內進攻，迭經
天津，中國當局向日本總領事切實聲明，按諸所獲暴徒
供詞，亦均謂策動地係在日本租界，且日租界在津埠之

南。此次暴徒襲擊該埠，僅在南市與日租界毗連一帶。其他各處，並未發現，更足證明。至張市長曾承認暴徒由日本租界外向中國管轄境內攻擊一節，絕無其事。

（二）當時中國軍警向日本軍隊，及日本租界開槍，死日本軍人二名、日本婦人一人。又天津日本屯駐軍二十華里以內，華軍不得屯駐，中日已有換文等語。查暴徒由日租界方面前來攻擊，我方負保護地方之責者，為自衛計，不得不還擊。至日方死傷，固無論是否屬實，即有其事，究為何方流彈所傷，亦屬毫無確證。況中國人民及警察之被日租界方面發來之野砲及槍彈擊斃者甚多，日本軍隊與租界當局應負絕對之責任，至關於交還天津之光緒二十八年（一九〇二年）中日換文一節，中國政府之看法已詳本月十四日致貴公使照會，茲不贅述。

（三）關於砲彈約三十發，自日本租界打入中國管轄境內一節，來照稱係因中國軍憲違反王主席與日本總領事間於十一月九日上午七時須使軍警撤退之約，依然留駐日本租界附近，繼續向日方射擊，日軍不過為自衛還擊等語。查我方此次防禦並無軍隊加入，且為避免日方誤會起見，於暴徒攻勢稍殺時，將警察、保安隊向後撤退三百米突時，尚未至六時三十分也。彼時情況已歸沉靜，而日方於六時四十分忽發砲卅響，打入中國管轄境內，經天津地方官質問日領，砲火始行停止，日軍之此項砲擊，其非出於所謂自衛，而完全在掩護暴徒，再行進攻，殊為明顯。

（四）來照又稱，張學銘市長與日本總領事曾聲

明，自暴徒方面沒收之武器，皆奉天兵工廠所製者等語。查被捕暴徒所用之手榴彈，確鑴有「大正十五年製」字樣，與日軍向我方所發之砲彈鑴字相同，其所用大槍，除日製三八式者外，餘係瀋陽兵工廠所造。惟該兵工廠所發各機關之槍械均加蓋火印，而此次所獲者並無火印，且屬新製。其為日軍侵佔瀋陽後自該處兵工廠運來者，殆無疑義。張市長之聲明亦即此意，來照竟提及此點，適足證明日方之責任。

（五）來照以中國官憲雖事前預知暴動之發生，對於日本租界當局並無何等通知或協力防止之聲述，且事後欲將其責任轉嫁，日方不能承認等語。查暴徒之組織係在日本租界，張市長早有所聞，事前迭經派員面商天津日本總領事館設法取締，並將其首要張璧拘捕解送，不幸日方毫無誠意，並未發生效力，以致津埠治安，大受影響，日方當然負其全責。

（六）來照又以十一月十四日中日兩國聯絡員實地調查時，在日本租界外，發現電網、機關槍、保安隊及正式軍隊。又王主席對日本總領事亦言明，正式軍在天津市內，又保安隊與軍隊似無何等區別，有違上開中日換文，不能默認等語。查天津地方官既已查明暴徒之陰謀，為維持治安及保護中外人民起見，迭向日方接洽，未有結果，自不得不在中國管轄境內，自籌相當防禦辦法，外人何得過問？關於日本駐軍附近有中國軍隊一節，聯絡員既未承認，王主席亦無此項聲明，至保安隊之性質與正式軍隊絕對不同、並不涉及一九○二年換文範圍。

　　總之，來照所稱各節，既非事實，尤多附會，中國政府萬難承認。所有此次天津事變，應由日本政府擔負完全責任，現在據報日方防禦工事，尚未拆除，而二區六分警所，仍被日軍侵佔。中國政府茲要求從速分別拆除撤退，俾及早恢復原狀。相應照請貴公使查照為荷。須至照會者。

外交部致日本駐華公使照會

民國廿年十一月廿七日

　　為照會事。茲據天津地方長官報告，本月二十六日晚八時許，天津海光寺日本軍營附近，發現便衣暴徒數十人，向我進攻，九時許，一區六所界內房上，亦有便衣暴徒襲擊。中國警察即採正當防禦，並通知日本領事及日軍部，而日方依然藉口流彈落於日軍營，突向中國管轄境內發砲，前後計四十餘響。閘口牙面日軍進攻甚猛，經交涉，直至十二時，始見緩和。而二十七日晨一時許，暴徒與日軍又復繼續攻擊。五時許，懷慶里地方擲彈筒射擊與砲擊甚猛，六時半，南關下頭，竟有用機關槍向我放射者。八時許，日軍在東南埔角，用機關槍掃射。此次中國警察已經查明被砲擊斃者四名，傷者二十餘名。九時許，日軍迫我警察退出二區六所，現在情勢仍極緊張等語。查前在天津日本租界方面，協助暴徒攻擊中國管轄區域，經中國政府迭次嚴重抗議在案，今復有上項情事發生。且日方發出之砲彈，計有四十餘發之多。同時，又用機關槍掃射，而暴徒發現之地，均與日本租界接近或毘連，日本政府對於天津發生如此嚴

重之局勢，自應擔負重大責任。茲特再為嚴重抗議，應
請日本政府，轉飭天津日本租界當局與日本駐軍，絕對
不得向中國管轄境內開發槍砲，並不得再任暴徒，利用
租界，襲擊中國警隊或行政機關。中國政府同時保留提
出正當要求之權，相應照請貴公使查照辦理為荷。須至
照會者。

河北省政府王樹常主席天津市張學銘市長呈國府電

民國廿年十一月廿八日

萬急。南京蔣主席、北平張副司令鈞鑒：南京外交部顧
部長勛鑒：密。宥（廿六）晚，便衣隊擾亂，暨日軍
開砲情形，業經電報在案。茲將本日情形分陳如下：
（一）南市及東南城角一帶，晨二時，榮業大街敵方向
我用機槍掃射，並放砲。該處暨興業大街之便衣隊，亦
向我射擊。迄四時餘，東南城角一帶機槍聲甚密。七
時，敵在東南城角屋上暨仁丹公司，以機槍向我掃射，
並發砲一響，彈落於東馬路同生照相館前。八時，敵在
東南城角方面發砲兩響。（二）閘口一帶，自晨二時，
敵在閘口向我以機槍掃射，迄四時餘槍聲仍甚繁。八
時，南閘口電話局附近，日軍暨便衣隊約二十餘人，時
以機槍向我掃射。（三）南關下頭一帶，晨二時五十分
便衣隊由海光寺內砲臺莊、懷慶里攻擊，又由海光寺向
南關下頭攻擊。以上各處，我方均未還擊。防線亦無變
化，情勢較宥（廿六）晚和緩。除將續得情報隨時電
陳外，謹電肅聞。河北省政府主席王樹常、天津市市

長張學銘，叩儉（廿八）。

四 日軍毀壞鐵路驅逐我工人

外交部致日本駐華公使電

民國廿一年十一月廿二日

逕啟者。迭據北寧鐵路管理局報告，此次日軍沿北寧路進兵，逾越錦縣直達山海關，運用大批飛機以猛烈巨彈轟炸車站列車，危害員工、旅客，毀壞軌道、電線路產、房屋並有燒燬，阻止該路行車，各站另派滿鐵站長，並派駐日兵。該路原有員司工警，均被驅逐，不容在站服務，以致關外段，幹枝各線，交通完全斷絕，久未恢復。屢經派員交涉，日軍均謂須候瀋陽日軍總部解決，而該總部又以須與自命之瀋陽新政府，及瀋陽交通委員會商榷，故意推諉。又該路關外段由日人指使，瀋陽偽政府設立奉山路局，聞將於十九日恢復榆瀋通車，屆時關外各站員工，必為壓迫服務，無法抗違各等情。本部以北寧路聯絡歐亞交通，兼有貴國借款關係，不容任意破壞，業經向日方提出嚴重抗議，要求尅日恢復通車，並恢復該路原來狀況、仍保留要求賠償損失之權。查此次日軍任意阻絕國際交通，破壞路產，交換路員，並擅設奉山路局，強將該路分為兩段，種種違法侵權，應由日方負完全責任，相應函達貴公使，即希查照為荷。

五　日人在華大量走私及販毒

東北外交研究委員會報告

關於日鮮人在華走私並強力阻止中國海關之緝私

　　查中國海關緝私設施，創自民國二十年間，其後經海關當局努力經營，規模漸備。至二十三年秋冬兩季，各地私運已大形減少。詎廿四年，因日本官方之包庇，日鮮人走私及其華北駐軍之干涉緝私，遂使所有河北省內各海關，對於辦理緝私事務，始則枝節橫生，措施棘手，終至備受壓迫，完全不能行使職權。其走私之猖獗與情況之惡劣，實為海關有史以來所未見，茲將情節重大各案之事實分列於下。

（一）日軍禁止秦皇島海關武裝緝私案

　　廿四年九月秦皇島日本駐軍司令，要求該處海關「將巡船機關槍撤除，並書面保證，嗣後不再攜帶機槍」，嗣又要求「將所有在秦皇島一帶之海關緝私巡船，無論是否攜有何項武裝，應至少離開三海里」，致使該處海關對於水面緝私，完全不能舉辦，走私之風因而大熾。

　　同年十月秦皇島日軍當局，復向海關提出要求二項：1. 海關關員在日軍駐在地，只能以棍棒自衛，不得攜帶軍器。2. 在戰區海面以內所有緝私工作，應由塘沽協定所規定之水上警察船兩艘擔任之。但遇必要時，亦得由不帶任何軍器之小關船一、二艘，在戰區海面巡緝走私。惟該項關船應隨時受日軍當局之檢查。自是以

後，私販人數激增。陸路方面，每日走私者竟有千餘人
乃至三千人之多，大隊成行，由手執武器之朝鮮人在旁
護衛，由秦皇島沿北寧路作有計劃的大規模之偷運。海
路方面，則僱用多數民船汽船，大量走私，甚至載重
五百噸之輪船亦經營私運。自蘆臺至秦皇島一帶海岸，
形成走私船隻叢集之區，私貨一經起岸，即可隨意運
輸，無虞查緝。並有由各鐵路南運分向各地傾銷者，關
稅之損失不可數計。廿五年四月以後，私貨運入，更突
飛猛晉，僅一個月期間，關稅損失已達八百萬元之鉅，
實屬駭人聽聞。

（二）日本官方協助走私案

廿五年三月廿三日，秦皇島海關扣留日輪第五玉榮
丸（Daigo Gyokuei Maru）一艘，計裝私糖五百九十三
包，當將糖斤及船上重要機件卸下，以防逃逸。該地日
領館館員原二吉（Futakichi Hara）初則迭向海關要求
放行船貨，並謂如堅欲充公，則發生事端須由海關負
責；嗣又提議補繳關稅，作為放行之交換條件。海關正
在核辦間，彼竟於四月廿七日暗遣汽船兩艘強將玉榮丸
（Gyokuei Maru）拖帶出海，經海關與之交涉，彼明知
案犯之行蹤，而諉稱無可如何。

同年六月一日，濟南車站海關稽查處扣留私貨糖針
六百六十三件，存放鐵路貨棧，翌日即有日鮮人五十名
到站，包圍關員、站長、路警長等，要求放行該貨。時
日領館代表亦在場，非但幫同私販作無理要求，且以倘
不放行將派陸、空軍前來等語恫嚇。及臨去時復警告關
員，謂將因此引起事端。至三日晨，果有日鮮人百餘名

陸續聚集車站，同時有日領館代表四人至海關稽查處，要求立即放貨，謂如不照辦，將來發生嚴重結果，應由海關負責。正交涉間，日鮮人已奔往貨棧，將該項私貨裝上載重汽車疾馳而去。另有日人森川武泰（Takeyasu Morikawa）等多人，包圍關員、毆打路警，警長上前保護，亦被毆傷，而日領館代表竟謂，此項貨物，海關無權扣留，日鮮人將其取去，領館願負全責云。

同年十月廿四日下午，有民船兩艘，裝載漏稅糖貨，在南運河停泊。其中一艘裝七百包，另一艘裝九百包，經津海關派員上船檢查，見每一民船有日鮮人十名左右，隨同押運，並向關員出示運銷護照一紙，上蓋有日領館印信，係駐津日本總領事館所發，作為護運該項私貨之用。

以上各案事實，實為日本官方人員協助走私之明證。

（三）日艦強迫搜查海關緝私巡船案

廿四年五月卅日晨，廈門海關專條號巡船拖帶緝獲之走私民船兩隻，在距離中國海岸二英里半之青嶼燈塔附近，向大膽島燈塔航行時，忽遇日本驅逐艦二艘，一名汐風 Shiokaze 一名夕風 Yukaze。放槍迫令停駛，由一武官帶武裝士兵多人跳登巡船，強行搜查並扣留甚久。致將正在追緝之另一走私民船被其兔脫。

（四）日人強佔海關分卡綁架關員警長肆行運私案

廿六年五月十二日夜半，有日籍浪人四、五十名，攜帶武器，將津海關小西門分卡強行佔據，並將關員與公安局所派警察隊長及警察一起禁錮，不許自由行動。

旋復將關員吳鴻慶及警長，一併架至日本租界，拘留於日商義泰洋行（Gitai Yoko）內。並劫去警察所有之步槍兩支、小刀一柄。嗣幾經交涉，被架人員始行釋出，而劫去之刀槍則拒不交還。當該浪人等佔據分卡時，曾有卡車十輛，滿載私貨乘間闖越該卡，馳往內地。自是以後，每夜均有武裝浪人於半夜押運裝載私貨之汽車七輛至九輛，於駛經該分卡時，即行下車，先將分卡強佔，並在附近搜索，使該項汽車駛過得以無阻。然後押車往約定地點將貨交割，轉運內地銷售。

（五）日鮮浪人走私暨毆傷關員路警案

廿四年九月七日晨，秦皇島海關關員在山海關車站，見有朝鮮私販五十餘人守護私貨待運，當即向前查緝。該鮮人等竟各出其預攜之木棍、石塊等，向關員圍擊。關員均無武器，且眾寡懸殊，無法抵禦。是時車站秩序大亂，火車亦因此遲開二十分鐘，關員二人及巡緝隊員四人同受重傷，經舁往醫院醫治，其中四人，治療數星期之久，始獲痊愈。

廿五年三月廿八日秦皇島海關關員，見離碼頭約一英里之處，停有日本式電船四艘，形迹可疑。當乘船前往檢查時，有多數鮮人攜帶棍棒、石子，分乘舢板兩艘，即行向前逞兇。關員為避免衝突，行暫折回。詎該鮮人等，竟隨後緊追，以石子擲擊。旋復相率躍登上述電船中之一艘，追及關員，用木棒向關員痛毆。該關監察員竇森及稽查員陳木華，均受重傷。當抬回海關時，陳稽查已神志昏迷，滿面流血。經關醫施行急救後，送往醫院住院療治二十四天，始漸痊愈。竇森除身被重創

外，精神更受重大激刺，須長時間療養。

同年四月廿三日，有漏稅之煤油二百四十箱，由火車自秦皇島運抵山海關。經該處海關扣留，堆存北寧鐵路貨廠內。廿五日，有日人七、八名，由名磯目兵武 Heitake Isome 者為首，率領冀東偽組織警察十餘人前來劫取。海關商請日領館派員協助制止，竟被拒絕。結果所扣煤油全被劫去。

同年五月廿六日晚，第三〇五次平浦南下列車到天津東站時，有鮮人百餘人，攜人造絲、捲煙紙等五百二十二件強行上車，佔二、三等車各一輛。車上原有旅客，均被驅下盡裝私貨。

同年六月一日，蚌埠車站有日鮮人多名，因所運私糖被海關緝獲，竟群起圍毆值班關員。

同年六月十五日，濟南車站有日本浪人結隊將該站海關稽查處所扣由津裝載貨車運濟之私糖三百噸，用武力強行奪去，並毆擊路警二人重傷。

同年六月十七日，有日鮮人多名，由津將私貨作為行李，帶至濟南。該處關員欲加檢查，該日鮮人等竟爾行兇，關員、路警均被毆傷。

同年十月十八日，朝鮮人裝運走私貨物兩汽車，在濼口地方被駐濟南車站海關稽查處關員緝獲沒收，乃該鮮人等糾合日本浪人七、八十名，將駐站關員劉茂云凶毆，昏厥倒地。津浦鐵路警察署官警楊宇之等八人亦遭毆擊，並到中國旅行社關員寄宿處，將關員高宗麒、章家堃挾至街心，當眾毆打，繼續挾赴車站與劉茂云一併監視。聲稱，不得私貨，決不放走。日領館館員到場，

亦不制止。海關為免關員遭其危害，不得已權將該項私
貨交日領館保存。

廿六年二月廿一日上午，津海關查緝隊在天津市西
營門，查獲載運私貨卡車一輛（車牌第四三七四號）。
當即押解到關。車內裝棉布及人造絲疋頭十六包，另有
汽油五聽，均經卸存海關倉庫之內，並加鎖嚴局。未幾
即有日籍浪人約四十名，分乘載重汽車二輛前來，皆攜
有棍捧等武器，闖入該關碼頭辦公室，向值班關員要求
交還車貨，並逼索倉庫鑰匙。關員拒絕，竟遭痛毆，並
禁止使用電話。室內器物亦被搗毀一空，同時打毀倉庫
門鎖，將查獲之私貨疋頭十六件搶出，裝在原查獲之汽
車，揚長而去。計被毆傷關員張貴德、鄭襟南、馮斅、
顏全靜等四人。此事日領館當局早已得有消息，曾在事
前一小時向關員吐露，深為可異。

同年四月廿三日下午，日輪長崎丸（Nagasaki
Maru）由日駛抵上海，停靠滙山碼頭。關員正在該碼
頭旅客行李檢查處檢查行李之際，突有日人多名，強由
該檢查處提取未納稅之日本酒。關員加以制止，該日
人等竟爾行兇，稽查員曹可同被日人柴田久壽（Kuzu
Shibata）以木棒猛擊，額部重傷；又稽查員沈惠人，
亦被擊破唇臂兩部，該日人等更追逐曹稽查員幾被推落
水中。

按以上所列，僅為日鮮人在華走私事件之一斑，其
橫行不法、破壞關政、侵犯主權，已可概見。揆其根本
原因，完全由於海關被華北日本駐軍武力威脅，不能在
冀東沿海一帶執行緝務，因而私販乘機蜂起，大批私貨

遂由大連湧入，不可遏止。私貨品類繁雜，以糖、人造絲、煤油、疋頭、捲煙紙五種為最多。此外各項雜貨、軍火、麻醉毒品以及其他禁運物品，數亦不少。其起岸地點多在秦皇島、北戴河、昌黎、唐山等四處及其沿海一帶。蓋自水陸武裝緝私設備撤除以後，私貨已可公然自由起卸，無須再藉特殊方法掩人耳目矣。茲將自廿四年八月起至廿六年六月十三日止，由冀東運抵天津之私貨及應征關稅，按津海關訪查所得，列成概數表如次：

時期	人造絲（袋）	捲菸紙（袋）	疋頭（袋）	糖（袋）	煤油（箱）	雜貨（件）
廿四年	三六、七八七	三、〇四三	六、六〇九	九四、五二九		一、七三八
廿五年	八九、七二四	六、一二七	八〇、八三九	一、〇〇五、六六九	二二〇、三四〇	一二七、八八五
廿六年一月	三、八八五	一七二	一二、五二七	五八、九五五	四四、四一三	四一、九三〇
廿六年二月	五六二		三、三〇八	二五、〇六〇	二七、一六八	二一、三七一
廿六年三月	六三一		八、〇二〇	四〇、六九二	三一、一四二	三三、七九六
廿六年四月	四五二	一〇四	九、一三五	四一、四一七	二六、二六〇	三二、二九〇
廿六年五月	二九九		八、七七二	三八、四〇七	一三、三一四	二八、五七六
廿六年六月一日至十三日	三〇		二、一八六	四、一〇二	一、三五〇	一三、三八六

時期		人造絲（袋）	捲菸紙（袋）	疋頭（袋）	糖（袋）	煤油（箱）	雜貨（件）
共計	件數	一三二、三七〇	九、四四六	一三一、三九六	一、三〇四、八三二	三七三、九八七	四〇〇、九七二
	公斤	五、九五六、六五〇	五八七、五四一	未詳	一一七、四三四、七九〇		未詳
應征進口稅金單位數		七、一四七、九八〇	一四六、八八五	（甲）一三、一三九、六〇〇	一一、二七三、七四〇	六七三、一七七	（乙）二〇、〇四八、六〇〇

說明：　依據廿五年一月份海關進出口貿易統計月報所載，人造絲及糖品兩項估價計算。

人造絲五、九五六、六五〇公斤，按每公斤值金單位〇‧七四二六計，共值金單位四、四二三、四〇八元。

糖品一、一七四、三四八公擔，按每公擔值金單位五‧八二九計，共值金單位六、八四五、二七四元。

表內符號（甲）此項數目係按每件估值金單位一百元推算，確數不詳。

表內符號（乙）此項數目係按每件估值金單位五十元推算，確數不詳。

日鮮浪人在華販賣毒品事件

　　日本政府縱容日鮮浪人在華販賣毒品，實行對華毒化政策，由來已久。東省事變以前，日鮮浪人曾在東三省遍設製毒機關，公然販賣，其他如閩、魯、豫、冀、晉等省，亦時有浪人潛入，秘密運售，為害蔓烈，殊堪痛恨，東省事變，日本勢力深入華北各省，於是日鮮浪人之潛入華北各省以及其他各地販賣毒品者，乃風起雲湧。

　　二十六年六月二日，國聯鴉片問題顧問委員會開會時，埃及代表魯塞耳稱：「全世界毒品產生，其中百分之九十皆在天津、大連、瀋陽及中國之東北四省，與現在日軍勢力支配下之其他中國城鎮所製造，天津一埠，每週即有五百公斤之海洛英運往外國，日本鴉片專賣管理人，每每勒令當地農民購買海洛英，而以其土地為質，故若輩所資以為生之土地，現已漸入當局之掌握，並藉口抵押，加以封閉，致迫令善良農民流為乞丐，此種情形，可斷定日本當局加緊毒化中國東北，並進而流毒毗連各省之險惡用心。」埃及中央麻醉物局督辦署素爾稱：「日本軍官與士兵亦染有鴉片嗜好。」日本代表橫山（Yokoyama）聲稱：「提交會議者，當屬真實可靠之情報，余無理由以疑之。」

　　關於此問題，六月四日日本駐平使館發言人談稱：「日方已竭力設法使現狀改善，但此事尚有相當困難，如從事此項業務者之如何使之改業等，若解回本國，則僅能將毒氛由一地移殖另一地，不如設法使此等犯人陸續為他種事業所吸收」等語。日本毒化政策，埃人

暴露之，而日本外交官更加以證實，然則又何待吾人
費辭，茲將近數年來已經破案之日鮮浪人販賣毒品事
件，略誌如下：

（1） 廿四年十一月，杭州公安局查獲鮮人吳秉億、
李海立攜帶海洛英等毒品，在杭銷售。

（2） 廿五年六月，鄭州警憲在鄭州站查獲日人佐竹喜
代次（Kiyoji Satake）鈴木修次（Shuji Suzuki）
二人由北平攜帶紅丸兩箱，共四十包，每包合中
國秤連皮重廿五兩，擬運往陝西售賣。

（3） 廿五年八月鄭州警憲查獲日人鳥飼茂（Shigeru
Torikai）攜帶紅丸廿袋，計重拾肆磅餘，擬運
往內地出售。

（4） 廿五年八月，日人渡三郎（Saburo Watari）等在
天津馬廠道設廠製造白麵，經中國警察查獲所
藏毒品，價值約三十萬元。

（5） 廿五年九月，正太車站警憲查獲日人乙守十三九
（Tosaku Otomori）、中條好（Yoshi Chujo）二人
攜帶白麵廿餘斤。

（6） 廿五年十二月，浦口車站警憲查獲鮮人高光兌
攜帶海洛英兩蒲包，計重十一公斤，擬運往上
海銷售。

（7） 廿五年十二月，濟寧站警憲查獲韓人金成珏攜
帶白麵九橡皮包，計重三十五兩，擬運往內地
銷售。

（8） 廿六年二月，平漢路郾漢段警憲查獲日人前田
禮三郎（Reisaburo Maeda）攜帶紅丸十公斤，

擬運往漢口銷售。

（9） 廿六年二月，津浦路桑梓站警憲查獲鮮人任順景
攜帶海洛英一千五百小包，白丸一小袋，計四百
卅二粒，共重市秤一斤半，擬運往內地銷售。

（10） 廿六年三月平漢路鄘漢段警憲查獲日人尚田浩
一（Hiroich Naoda）等攜帶紅丸八十七包，計
重百零六公斤，售與華人。

（11） 廿六年四月，津浦線黨津段警憲查獲日人岡本
新太郎（Shintaro Okamoto）攜帶海洛英三百〇
三小包，計重斤餘。

（12） 廿六年五月，京滬線警憲在滬查獲鮮人金重哉
攜帶毒品海洛英計重三一‧九公兩。

（13） 廿六年六月，上海北四川路日鮮浪人遍設製毒
機關計有十四處之多，專售毒品與華人。

以上各案，皆經我方將人犯拘捕，正式轉送日領館
要求懲辦者也，日方之不能加以懲辦，自屬意中之事。

六　日機在華不法飛行

東北外交研究委員會報告

自廿四年夏始，日本軍用飛機即在平津一帶，任意
飛降。本部據報後，當於是年八月三日，向日本大使館
首次提出交涉，要求迅即設法制止。日方答稱：俟轉達
東京外務省辦理。自此次交涉後，日機之不法飛行，
迄未稍戢，而飛行區域，反愈擴大，竟深入晉、綏、陝
各省。當經本部再提抗議，要求迅予制止。並告以日機

在華北之不法飛行，易滋誤會，不僅藐視中國法令，且
係侵犯我國主權，惟前以華北糾紛未決，故我國一再隱
忍，而目下華北已趨平靜，彼此外交，應速導入常軌，
務請日方設法制止此種非法行為，以免影響中日兩國邦
交之調整。日方旋復稱：日機在平津飛行，係根據塘沽
協定第二條規定云。外交部當即駁復，認日方此種認
定，顯係濫用條文，因該協定第二條規定之目的，在限
於軍隊撤退期間之監視，而援用區域，且亦有明白限制
（塘沽協定原文附後）。故日方之濫用條文，非我方所
能容忍，仍請日方迅予制止。自經此次駁復後，日機不
法飛行，仍未停止，外交部仍本既定方針，繼續交涉，
要求制止。日方以詞窮理竭，乃改謂俟華北中日空航問
題解決後，此事即可自然解決。外交部當即駁以華北中
日空中聯航與此不法飛行，性質既不相同，且亦絕無聯
繫關係，顯屬兩事，不應混為一談，仍要求設法制止。
此時外交部並訓令駐日大使館，向日本外務省提出抗
議，當時日本廣田外相答稱，此種飛行係根據停戰協定
之解釋，容徐為設法等語，其後日機不法飛行地域，日
逐擴大，竟遍及魯、甘、寧各省，而於江蘇境內，有時
且亦擅入。惟於江蘇境內飛航時，不僅飛行甚高，且行
蹤亦至飄忽。而於平、津、青、濟一帶則不然，不僅飛
航頻繁，且有搭客載郵情事，並強用我機場。據主管機
關統計，日機在華不法飛行，有紀錄可查者，自廿四年
六月起，至廿六年四月止，計達一千七百六十一次之
多。而外交部向日方抗議，除口頭者外，書面抗議，亦
已十三次。自廿四年十月以後，日方與我抗議，即迄未

置復矣。

附塘沽協定原文

關東軍司令官五月廿五日於密雲接受何應欽之軍使參謀徐燕謀所陳正式停戰提議。

據此，五月卅一日午前十一時十分，關東軍代表陸軍少將岡村（Okamura）、關東軍參謀副長與華北中國軍代表陸軍中將熊斌，在塘沽簽定停戰協定，其概要如左：

一、 中國軍即撤退至延慶、昌平、高麗營、順義、通州、香河、寶坻、林亭口、寧河，蘆台所連之線以西，以南地區不再前進，又不行一切挑戰攪亂之舉動。

二、 日本軍為確悉第一項實行之情形，可用飛機或其他方法以行視察，中國方面應行保護，並與以便利。

三、 日本軍確認中國軍已撤至第一項協定之線時，不超越該線續行追擊，且自動概歸還至長城之線。

四、 長城線以南第一項協定之線以北及以東地域內之治安維持，由中國警察機關任之。

五、 本協定簽字後即發生效力。

中華民國廿二年五月卅一日

七　日本輪侵入中國領海捕魚事件

東北外交研究委員會報告

中國東部七省區俱濱大海，島嶼羅列，為東亞著名

漁撈區域之一。乃日本漁輪際遇覩覘厚利，竟迭次侵入我領海內，擅自捕漁。此類不法行為，在瀋陽事變前，即已叢生，而事變以來，竟更變本加厲。其事態較為嚴重者，有後舉如次：

民國廿三年夏，日漁輪在山東省文登縣屬之蘇山島附近，擅自於我領海內捕魚，並將我國漁民網罟撞損。當時曾迭向駐青島日領，嚴重交涉，然迄無結果。

二十三年秋，日漁輪沖繩丸（Okinawa Maru）、第八播洲丸（Daihachi Harisu Maru）等七艘，在廣東省崖縣屬海棠頭附近中國領海內，擅自捕魚。雖經我向駐粵日領，交涉制止，亦無效果。

二十五年六月八日，日漁輪和風丸（Wafu Maru）富貴丸（Fuki Maru）等十餘艘，侵入江蘇省崇明縣屬之泗礁島我領海內，擅自捕魚。並將我漁民劉筱甫等十九戶，所拋網具，全行拖去。

二十六年入春以來，日漁輪在中國領海內侵漁事件，發生更多。如正月十七日，日漁輪在浙江省洋歧南洋面，撞斃我國溫嶺縣漁民李財增等三人。

同年三月廿三日，日漁輪萬壽丸（Manzu Maru）在浙江省洋歧東洋面，毀損我漁民朱萬永，陳其文等漁網。

同年四月五日，日漁輪第二十三布引丸（Dainijusan Nunobiki Maru）在江蘇省之將軍帽島東首我領海內，擅自捕漁。

同年四月六日，日漁輪在浙江省之嵊山鷄骨礁東北洋面，擅自捕魚。

同年四月廿五日，日漁輪留明丸（Ruiho Maru）、
第七明治丸（Daishichi Meiji Maru）、第十七長運丸、
（Daijushichi Choun Maru）白眉丸（Hakubi Maru）等
二十二艘，在浙江省之佘山洋面，擅自捕魚。

同年四月廿九日，日漁輪在浙江省之東箕山洋面擅
自捕魚。

同年五月二日，日漁輪大貞丸（Daitei Maru）在浙
江省定海縣屬之佘山洋面，撞沉我漁船金裕隆號，對於
落水船夥丁如連等，竟置而不救，鼓輪他往。

同年七月，日漁輪多艘，由臺灣出發，在廣東省之
東沙群島、西沙群島、南澳、瓊崖一帶，擅自捕魚，並
暗測當地水深、航線及沿岸地形。

以上諸案，雖迭經外交部正式向駐華日本使館，提
出交涉，彼或捏辭推諉或置而不復。

八　日本破壞國際電信公約

東北外交研究委員會報告

自九一八事件後，日本蔑視國際公約，侵華益亟，
在中國主要城市，如上海、南京、漢口、鄭州、青島、
天津、北平及華北各地，任意遍設無線電臺及軍用電
話，違反華盛頓國際電信公約，侵犯中國主權、破壞中
國電業行政。雖經中國關係當局屢次抗議交涉，日方一
味恃強不理，卒無效果。茲將近年來曾與日方往返交
涉有案可稽之私設電臺，與軍用電話事件，擇要臚列
如後：

（1）漢口日海軍私設電臺案

二十二年四月，中國關係當局查明日本在漢口私設電臺三處；一在海軍陸戰隊內，裝有短波與長波之收發電機，一在漢口總領事館內，一在三井洋行（Mitsui Yoko）內，均係短波，每日與東京、長春通報。外交部曾於四月二十五日照會日本駐華公使提出抗議。

（2）鄭州日領館內私設電臺案

二十五年二月，中國關係當局據確報，日本駐鄭州領事館於三馬路新廈大樓，私設電臺，係由東京方面派田村（Tamura）無線電工程師來鄭裝置。外交部於二月二十日派員向日本駐華公使館交涉，二月二十九日該館派員復稱，否認其事，祇承認裝設收音機，藉求掩飾，故交涉迄無結果。

（3）日軍在津沽及平通間擅架軍用電話案

二十五年十一月，日軍在北平通州間擅架軍用電話，外交部曾向日本駐華大使館交涉制止，日方置之不理，繼續進行如前。該線於十二月三日卒被架成。外交部復迭次向日本駐華大使館交涉制止，均無效果。二十六年一月十三日，日本駐華大使館片面諉稱，該案已與地方當局圓滿解決。

二十六年一月，日軍又在天津塘沽間擅架軍用電話，其話線自天津海光寺日軍兵營起，經八里臺與天津第六分局，直達塘沽。外交部當即向日本駐華大使館提出抗議，交涉拆除。日方於一月十三日諉稱，該線係根據辛丑事件議定書建築，故交涉迄無效果。

天津日本駐屯軍復於二十六年二月通知津海關港務

長，欲在海河下游敷設水陸電線，並藉口辛丑駐兵權於三月十四日起實行，擅自架設。外交部於三月二十日照會日使館制止，並於六月二日再照會駁復日方，說明駐兵權並不包括通信設施。

天津日軍除擅自架設津沽軍用電話線外，復在平津鐵路沿線同樣擅自架設，且每遇斷線等事，即指為中國民眾有意抗日，脅迫地方當局澈查究捕，屢生事端。

又日軍在上海華界亦任意佔用我國電桿，架設軍用電話，屢次交涉無效。

（4）日軍在察南強制架設軍用電話案。

廿五年十一月日軍駐張北之特務機關「大本（Omoto）公館」，竟公然派遣日兵四人、工匠三十餘人，攜帶工具材料架設長途軍用電話線，圖謀與偽國接通。外交部當於十二月八日向日本駐華大使館提出節略，要求制止此種不法行為，並撤銷該處特務機關，日方置之不覆。

此外日軍又派員至密雲，擅將該處通古北口之我國話線及發報機，任意切斷利用，改作日方之軍用電話機線。又強制佔據中國嘉卜寺之電政機關，派員調查華北各地電報局，搜查北平電報局，迫交電碼稿本，任意檢查電信。

（5）天津駐屯日軍派員在包頭擅設電臺案

二十五年一月，日本天津駐屯軍部派佐藤謙次（Kenji Sato）與綾野朝治（Asaji Ayano）等，攜帶無線電機至我國綏遠省包頭地方擅設電臺，電力為五十瓦特，與東京、長春、天津、北平等處聯絡刺探，

報告我國軍事及地方情形。日本駐華陸軍武官羽山（Haneyama）並時往指揮，經我國調查有據，二次向日本駐華大使館抗議交涉，日方始終含糊其詞，僅允查明辦理。

（6）日本派員至寧夏在旅舍強設電臺案

二十五年二月十八日，日本遣派渡邊源一郎（Genichiro Watanabe）等十三人，攜帶無線電機及陸軍測量器、氣候測量器等，取道磴口，於二月二十日至寧夏，在旅舍強設電臺，經當地政府呈報外交部向日本駐華大使館交涉有案。三月初，該日人等，先後離開寧夏，轉往石咀子磴口一帶，行動如前，當經寧夏省政府派員監視出境。

（7）日本同盟通訊社在華秘密設置電臺案

二十五年八月廿四日，經我國關係當局查明日本同盟（Domei）通訊社竟在我國上海、青島、天津、漢口、北平、濟南、南京、廣州、福州等處，秘密私設電臺多所，實行通報。當經外交部致文駐華日本大使館，要求迅即撤除，並經多次催詢，迄未准復。二十六年五月廿九日，外交部復將該社在中國各地私設電臺情形，分別列表致文日本駐華大使館，要求迅即撤除，但迄無結果。

（8）南京日本駐華大使館內私設電臺案

二十六年一月中國關係當局收得南京日本駐華大使館內私設電臺之證據多件，並知該電臺私設已久。且於二十五年九月，由日本東京運來大型無線電機兩座，擅自裝置通報。外交部於一月七日，曾派員向日方交涉

拆除，三月四日復致文催促辦理。三月八日得日方復文
諉稱，並無私設電臺之事。外交部乃於三月二十七日復
派員至日使館出示一部分之有力證據（該電臺所發之電
碼），要求撤除，但日方仍一味否認，迄無結果。

（9）天津日本兵營私設電臺案

二十六年二月，中國關係當局察知日本天津駐屯軍
在天津海光寺日兵營內，私設超短波一千瓦特之無線電
臺二座，規模宏大，於四月五日竣工，正式通報。外交
部根據確實證件，於五月廿六日致文日本駐華大使館，
責其破壞中國電信事業，侵害中國主權，要求日方尊重
國際電信公約，迅予撤除。迄未得覆。

（10）日本駐粵總領事館私設電臺案

二十六年六月，日本駐粵總領事館經由三井洋行
（Mitsui Yoko）運到強力發電機四具，即著手裝設電
臺。中國關係當局，正繼續搜集證據，備提交涉。

（11）日本在滬私設電臺案

日本駐滬之軍隊、外交機關、通訊社及商人等，均
隨意私設無線電臺，刺探我國軍政情形，通報消息或利
用其私設電臺作擾亂我國金融之圖謀，如日本駐滬海軍
陸戰隊兵營內、日本駐滬總領事館內、新建之上海日本
陸軍武官室內，日本同盟（Dormei）通訊社上海總社
內、日商三菱洋行（Mitsubishi Yoko）內，均設有強力
電臺，任意收發電報。日人高木寬（Kan Takagi）又公
然收買上海大東廣播電臺，均經我國當局迭次要求日方
迅予撤除，不獨毫無效果，反變本加厲，任意在各地增
設，對於我國電政主權及國際公約破壞無餘。

九　日本軍艦在長江等處自由行駛事件

東北外交研究委員會報告

日本軍艦常在長江等處，自由行駛，別有用心，茲將日艦自由行駛事實分列之如次：

（1）　廿四年十一月，江、浙兩省交界之黃盤洋面（離乍浦東約六、七十里），時有日艦來往，踪跡企圖未明。

（2）　廿四年十一月，有日艦五艘駛至六合硫酸廠江岸窺探。

（3）　廿五年三月，日艦出雲（Izumo）、夕張（Yubari）號兩艘，駛停普陀洋面。

（4）　廿五年三月，龍口屢有日艦駛入，出入自由已成慣例。

（5）　廿五年三月，日艦多艘在江蘇洋面崇明縣屬之陳錢山、花鳥山各島，自由航行，並從事軍事動作。

（6）　廿五年五月，有日艦出沒崇武海面。

（7）　廿五年五月，有日艦屢在武漢上下游弋，並駛停陽邏江面。

（8）　廿五年八月，有日艦多艘，進泊官井洋、七星洋、長腰海面。並有陸戰隊百五十餘名，荷槍實彈，登陸示威。

（9）　廿五年十月，有日艦一艘在灊浦口外江面停泊，測量水勢。

（10）廿五年十月，有日艦一艘在福山口外游弋。

（11）廿五年十月，有日艦一艘，開駐白茆江面測量水道。

（12）廿五年十一月，在常熟北之福山鎮，有日艦一艘停泊其間，並有水兵登陸。

（13）廿五年十二月，日本第十四驅逐艦隊菊（Kiku）號一艘，駛泊威海海面。

（14）廿六年一月，日艦廿餘艘駛入楊林口、七了口、盧光口、並向太倉、常熟方面開槍射擊。

（15）廿六年一月，日艦二艘停泊白茆口江心，以舢板兩隻載水兵十餘名向白茆口駛行，企圖登岸。

（16）廿六年三月，日艦一艘駛泊潢涇，並開機槍亂射。

（17）廿六年三月，蕩茜口、七鴉口、楊林口間，有日艦兩艘，往來遊弋，並開機槍十餘響。

（18）廿六年七月，日艦一艘駛入蕩茜口江面，並向岸發砲。

（19）廿六年七月，日魚雷兵艦多艘駛入崇明島偵察，並發砲開槍。

（20）廿六年七月，日艦一艘駛入小西庄及棲霞山江面停泊肆意偵察。

（21）廿六年七月，日艦多艘駛入楊林口浮橋鎮，用探海燈向岸探照。

　　上列日艦行動，均經外交部向日方交涉，請其嚴加約束有案。但日方或藉口內河航行權，或託辭中途修理機件，致於各處停泊，以相答覆。

十　日軍庇護匪偽軍攻擊綏遠事件

東北外交研究委員會報告

民國二十四年，日偽軍侵占察省主要城邑後，即積極準備侵綏之軍事，於張北設軍政府，存儲由日供給之大批軍械車輛，並在商都等處，擅設飛機場，由日方派遣飛機數十架，擔任偵察轟炸任務，廿五年十月，日軍便衣隊開始向綏東活動，並趕修百靈廟飛機場及滂江通百靈廟之大道，以圖包圍綏省，十一月十四日日偽軍侵綏戰事正式發動，日軍以大砲飛機助攻興和，十六日日偽陸空軍約三千餘人圍攻紅格爾圖，並以汽車百餘輛，運日偽軍赴百靈廟，冀圖由綏北進攻歸綏、武川等處，經我軍奮勇抗戰，十一月廿五日，驅退百靈廟之日偽軍，奪還該地，關東軍乃紛紛由熱河、多倫、承德等處出動，如關東軍第八師、第十六旅、第六旅、駐多倫之獨立騎兵旅、松室（Matsumuro）騎兵旅、駐朝陽之小岡重一（Shigeichi Kooka）裝甲隊，均兼程由熱經察，開往綏邊，天津日軍部並派池田（Ikeda）中佐赴張家口辦理運輸兵站事宜，日本參謀本部作戰部長石原（Ishihara）與關東軍參謀長板垣（Itagaki）並率參謀高岡（Takaoka）等三十餘人，赴商都組織前敵總指揮部，指揮蒙匪偽軍德王、李守信、王英、王靜修等部，謀大舉進攻綏遠，均被我軍擊退，同時蒙匪偽軍中，深明大義之軍官，紛向我軍接洽反正，引起日偽軍內部之混戰，無力侵綏，故侵綏戰事至十二月中旬以後，無大接觸，至於日本政府對於此次侵綏事件，雖

屢由外務省當局反覆聲明無關,但軍部方面則率直承
認,係由日方計劃的援助,如十一月十六日紐約泰晤士
報揭載駐華日本武官喜多(Kita)對該社記者之長篇談
話,確認日本參與侵襲綏遠戰事,並披露日本分化內
蒙之計劃。又十一月廿二日,日駐綏特務機關長羽山
(Haneyama),曾以關東軍名義通告傅作義主席,肆
意恫嚇。又十一月廿八日,關東軍及偽組織外交部,發
表聲明,公然宣稱援助蒙偽,並向中國大言威脅。查此
次日偽軍侵綏戰事,我國綏北、綏東均被蹂躪,損失綦
重,人民多流連失所,而察省各地,因日偽軍過境駐
扎,徵輸頻繁,衣物食糧及農具牲口,皆遭掠奪,生命
財產之損失殊無從估計也。

十一　日軍在平津及上海附近非法演習事件

東北外交研究委員會報告

　　二十四年十一月四日至七日,日軍在北平、天津附
近實施大演習,其演習區域竟及平漢線長亭店良鄉車站
以西,超越條約所規定之範圍。並有陳塘莊居民闕雙林
被演習流彈炸傷身死。

　　十二月十九日晨十時至十二時,駐北平日軍在東便
門一帶演習,並將機關槍、步兵砲移上城垣,演習射
擊,事前並未通知我方。

　　十二月二十五日,駐津日軍握田精次(Seiji
Kajita)中尉等官兵二十五名,攜帶武器及無線電話
等,分乘載重汽車三輛,由天津至保定、正定、石家

莊、元氏縣等處，雖曾通知，但未得我方同意，即開發前往。

二十五年九月三十日，日軍數十名至平漢線蘆溝橋車站站台，演習巷戰，並有軍官一名，乘馬在站台指揮。

二十五年十月二十六日起，日軍以豐台為中心，在永定河以西，平、津兩地之間及平漢線北段，舉行大規模演習，定期十日，人數達七千以上，指定津郊大直沽、小孫莊民房三百餘間，強迫居民全部遷移，以為臨時駐兵之所，該處村民二千餘人無所歸宿，且更徵集民伕、柴草物品等等，騷擾不堪。連日演習，戰鬥激烈，附近一里內，斷絕交通，大直沽土城一帶民房，多半殘毀，禾稼亦被刈除。又豐台民房亦因日軍演習破壞不少。

二十六年一月十一日下午一時二十分，日本海軍陸戰隊三十名，攜帶武器，深入市區，演習巷戰。

二十六年四月二十一日夜，日軍五百餘名在豐台東南三村莊一帶演習。

以上各案均經外交部或地方當局向日方提出抗議，迄未得復。

十二　日軍在天津豐台等站干涉行軍事件

東北外交研究委員會報告

二十四年十一月二十七日晨六時，有日本大尉一名，率士兵八十名，到豐台車站駐紮，並要求自即時起，停止北寧與平漢聯運，及北寧、平漢兩路過軌重

車，均須至豐台換車站啟運。又是日晨十時，突有日軍
二十餘名，由少尉岡彬（Hin Oka）率領到天津總站，
勒令所有車輛，一概不許南開，並派兵監視。午後一時
許有日本憲兵隊特務田中巳之助（Minosuke Tanaka）
率同隨從憲兵等到該站聲稱：嗣後關於一切軍隊及軍用
品，在未運送之前，須報告日憲兵隊許可，始得放行等
語。又在廣安門車站上有同樣行動。

十三　日人非法徵用土地事件

東北外交研究委員會報告

　　二十五年十月間，日人在長蘆豐財場所屬塘沽南
大灘、北大灘、裡海、外海等四處鹽灘周圍，遍插木
橛，上書日本軍用地之標識，又有興中公司日人堤秀
雄（Hideo Tsutsumi）、石崎博夫（Hiroo Ishigaki）等
五人，至蘆台場聲稱：定期在漢沽鹽坨碼頭，建橋至
河中心等語。經外交部向日方交涉撤除，以重主權，
迄未生效。

十四　日人私行測繪攝影事件

東北外交研究委員會報告

　　查日人常奉其本國政府秘密使命，假遊歷為名，潛
入中國各地沿途測繪地形，攝取影片，如民國二十五年
秋間，日艦勢多（Seta）號官士在湖北窰泊。日人渡邊
（Watanabe）等漫遊寧夏、包頭、蘭州、臨沂、台兒莊

等處。十月間日水兵之在岳州城陵磯登岸。日人牧山忠敬（Chukei Makiyama）之潛入南京要塞地帶。廿五年四月，日人大平正美（Seibi Ohira）、山田英男（Hideo Yamada）在山西風陵渡。五月，日人太田貢（Mitsugu Ohta），青木英一郎（Eiichiro Aoki）等在粵漢路徐站江岸碼頭。六月，日海軍之官高尾（Takao）偕長沙領事等在湖北江陵城各地。廿六年三月，日海軍陸戰隊參謀長武田（Takeda）等之遊嘉定，日人松崎誠之助（Seinosuke Matsuzaki）等六名之遊閔行，無不乘機測繪地形，攝取影片。迭經外交部交涉制止，而日方多無答復，即有答復，亦多設詞掩飾，不予切實制止。

十五　日本增調大批陸海空軍來華事件

東北外交研究委員會報告

蘆溝橋事變前，日本在東北四省境內所駐陸、海、空軍不計外。在華北，有所謂華北駐屯軍，兵額計一萬人；在上海，有海軍特別陸戰隊，兵額計二千五百人；在長江沿海一帶，有日本海軍第三艦隊，而以上海為其艦隊司令長官之駐在地。至空軍，除關東軍所轄飛機隊，間或飛航入關，翱翔於平津上空，以作威脅目的外，別無軍用飛機，常川留駐關內各地焉。

二十六年七月七日，蘆溝橋事變突生。於是日本乃大量運輸軍隊，赴華北各地。其後華中形勢緊張，日本遂將在滬之海軍陸戰隊，積極增加。迄乎八月十三日，上海中日戰事爆發，日本陸軍竟亦大批開抵上海。

　　日本在關內陸軍，至目前止，分駐於華北之平綏、平漢、津浦各戰線者，約計三十餘萬人，其番號之可查者，有第三、第四、第五、第十、第十二、第十九、第二十、第十一等師團。最高指揮官，為寺內壽一（Juichi Terauchi）大將。在上海戰線陸軍，約二十萬人。其番號可查者，有第六、第九、第十二、第十一、第三各師團。來華各師團，尤以開拔來上海者中，每係自各師團中，抽調一旅團，或一聯隊，組成所謂混合師團，故其師團番號不免有重複迭見之現象。上海方面之最高陸軍指揮官，為松井石根（Iwane Matsui）大將。

　　上海之日本海軍陸戰隊，自蘆溝橋事變起，即逐次增加，迄今已達五千四百餘人，司令為大河內（Ohkouchi）。

　　在華日本海軍，除原駐中國領海之日本海軍第三艦隊所轄各艦外，繼復增調日本海軍第二艦隊，主持我長江以北海岸之封鎖。不僅此，且增調第廿三、十六、十七魚雷艇隊來滬，以備攻擊我浦東守軍。而日本海軍中之主力艦，長門（Nagato）、陸奧（Mutsu）、重巡洋艦榛名（Haruna）、霧島（Kirishima）並曾到滬。

　　在華日本空軍，計在華北者，約達三百架，為陸軍航空隊。在華中、華南一帶者，為海軍航空隊，而航空母艦鳳翔（Hosho）、龍驤（Ryujo）、赤成（Akagi）、加賀（Kaga）、能登呂（Notoro）等俱駛泊於東海沿岸。而機數在三百架以上焉。

十六　上海虹橋事件

東北外交研究委員會報告

二十六年八月十日下午五時左右，虹橋飛機場附近，有日軍官二人，乘汽車越入我警戒線，向飛機場方面直駛，不服停止命令，反向我守兵開槍，守兵初未還擊，爰該車轉入碑坊路，該處保安隊士兵聞槍聲出視，該日軍官復開槍向之射擊，保安隊遂還擊，一時槍聲四起，該車前輪乃跌入溝內，車內一日軍官下車，向田內奔跑，在附近因傷倒斃，另一軍官已傷斃車外，檢查身內有名片二張，印有海軍中尉大山勇夫（Isao Ohyama）字樣，我方士兵亦傷斃一名，當出事時，滬市長俞鴻鈞，即用電話通知岡本（Okamoto）總領事云。據報有日軍官意欲衝入我虹橋飛機場，與守兵發生衝突，請派人處置，免致擴大，岡本（Okamoto）通知日陸戰隊司令部後，旋答復，並無陸戰隊士兵外出，定係謠傳，請勿輕信等語。日海軍武官本田（Honda）亦同樣答復，後日領署與陸戰隊方面，派員前往調查，始知係事實，乃由日本陸戰隊發緊急集合命令，準備動作，形勢甚為嚴重，是為本案之起緣。

此事發生後，滬市長俞鴻鈞恐事態惡化，故即約日海軍武官本田（Honda）及日總領事岡本（Okamoto）在日總領館談話，首告以本案經過，並謂本案發生，殊為不幸，但日軍官及水兵以前屢到虹橋機場窺探，及與我守兵衝突，迭經市府書面抗議，並要求制止在案。乃日方不以為意，致有今日不幸事件發生，殊深遺憾，惟

念蘆案發生後，滬市中日當局協定維持滬上治安，幸告無事，此刻尤宜力持鎮定，靜候雙方調查，循外交途徑辦理，自不難圓滿解決。日方答復謂：我保安隊舉動，日方早已深為不滿，且迭經提請注意，此番事件保安隊自應負責等語。後經我地方當局再三交涉，結果日方允由外交方法解決，日方繼派員會同我方代表前往將日人屍體領回，如此，本案應不致擴大，不意日方藉口我違反停戰協定，忽於八月十二日向我滬市政府提出無理要求，同時陸戰隊集合待命動作，此明為有計劃之步驟，我以主權所在，不容遷就，遂拒絕其要求，於是日方乃實行武力進攻，因之演成今日八一三之滬戰。此為本案經過之概略。

十七　日本在華設立特務機關

東北外交研究委員會報告

　　滿洲事變發生以來，日軍在滿行動，因得力於特務機關，幾無往而不利，及至偽滿成立後，遂於東北各重要地點遍設特務機關，並由秘密活動進入公開工作。長城戰後，此種制度更明目張膽，推進至華北各地，幾如雨後春筍，不特冀、魯、晉、察、綏等華北各省，無不設立，即長江流域及華南各省或公開或秘密，亦所在多有。

（1）特務機關之系統

　　特務機關之系統大別之：可分陸軍與海軍兩種，而陸軍方面又以權限關係，關東軍與華北駐屯軍各自為

政，分設是項機關，除秘密者不計外，就華北及長江流域計算，各有十餘處之多，然系統雖異，所抱目的固無二致。各特務機關長什九屬於少壯軍人派，富於功利主義，率皆急功思逞胡作妄為，使我國地方治安，受害匪淺，而尤以華北方面為最烈，如鄭州特務機關，幸為我方破獲，防禍未然，否則其危害地方，殊不堪設想也。

（2）特務機關之組織

各地特務機關大致分調查、情報、外事等三系，工作員約自十三名至廿五名，為求工作便利與消息靈通計，大半豢養多數浪人食客，以供驅遣，其範圍較大之特務機關，於機關長之下得設副機關長一人或二人，並得聘用雇員多名。

（3）特務機關之交通及通信設備

特務機關對於交通、通信等設備，極為嚴密，以交通言之：每一特務機關，除負責人之自用汽車而外，間備載重汽車或軍用汽車。且特務機關，往往設於飛機場附近，隨時往返長春、天津等處，與華北駐屯軍、關東軍切取聯絡。此外又有日商經營之交通機關，如萬國運輸公司、大蒙公司、夕林洋行、東魯公司等亦為其補助交通機關。故凡有特務機關之處，便形成以特務機關為中心之交通網，以通信言之：華北方面每一特務機關，大體設有四十瓦特之無線電臺一座，與天津、長春直接通報，並斟酌需要，在適當地點，設置電臺。長江方面，每一特務機關，均置有短波無線電臺兩座，與各地特務機關互相呼應。其主要情報，均於每日下午，用電拍滬，由三馬路外灘三菱銀行（Mitsubishi Bank）屋

頂之總機，收送日陸軍特務機關長楠本實隆（Sanetaka Kusumoto），由彼綜合，故又形成以特務機關為中心之通信網。

（4）特務機關之工作範圍

工作大致分平時與戰時兩種，平時側重聯絡情報，偵察軍政、外交之私密，分化地方與中央之關係等；戰時側重軍事動作之偵察、戰略之探查，以及收買或擾亂後方等特殊工作之進行。如於綏遠戰爭時駐在嘉卜寺（原駐百靈廟）、張北、多倫、平涼、額濟納等地各特務機關長，皆已竭盡智能，代蒙偽方面策劃一切。茲就各地特務機關之工作範圍，根據調查所得而分析之，約有下列各點。

1. 刺探地方軍政情況，搜集秘密文件及地圖等。
2. 指導反中央勢力之軍事政治。
3. 傳達日方之要求或意見。
4. 進行地方局部外交。
5. 接濟並組織地方之反動潛伏勢力。
6. 分化及利用蒙古王公或各地反動份子。
7. 協助以專家或間諜組成之日本旅行團體。
8. 包庇漢奸匪類。
9. 製造及販運毒物。
10. 販運走私貨物或械彈。
11. 編印反動口號，造謠煽惑民眾。

茲將日人在華各地所設特務機關之組織、通信設備及活動情形等列表概述如左：（註：表中所列特務機

關之主持人時有變更，職員名額因工作之繁簡亦常有增減。）

華北駐屯陸軍所轄

華北特務機關主持人 軍部第二課長和知鷹二 Takaji Wachi

- 天津（機關長茂川 Shigekawa 少佐）〈調查系 情報系 外事系〉每系設主任一名、工作員九人至廿三人
- 北平（機關長松井久太郎 Hisataro Matsui 少佐）——同前
- 張垣（機關長大本 Ohmoto 少佐）——同前
- 綏遠（機關長羽山喜郎 Kiro Haneyama 少佐）——同前
- 通州（機關長甲斐厚 Atsushi Kai 少佐）——同前
- 濟南（機關長石野重遠 Shigeto Ishino 少佐）——同前
- 青島（機關長谷萩那華雄 Nakao Yahagi 中佐）——同前
- 太原（機關長河野 Kohno 中佐）—— 副機關長古市保代 Yasuyo Furuichi 屬員
  - 秘書 赤尾幹雄 Mikio Akao 本田義一 Giichi Honda
  - 書記 中村幸雄 Yukio Nakamura 古市保 Yasu Furuichi 長谷太一 Taichi Nagatani
- 鄭州（機關長志賀秀二 Shuji Shiga）

機關名稱	主持人及所屬人員	地點	組織及通訊設備	活動情形	備註
天津特務機關	茂川秀和 Shuwa Shigekawa 副長 松岡大尉 Matsuoka	日租界秋山街十六號		利用漢奸楊榮齋、趙文俊等，密謀召收失意軍官及股匪等擾亂華北各地，更假冒共產黨活動，爆炸津浦（指定由津至德縣）、平漢（指定由平至石家莊）兩線，以期造成防共口實，引起外交糾紛，以利進兵近復派漢奸王虎臣及其黨羽劉廣耀等，至冀南活動，劉為該處紅槍會首領，對外自稱華北民團救亡會。	
特務團或名自治奮勇團	天津特務機關	以在華久住之日本僑民及中國流氓漢奸為團員		分向鐵路沿線偵察我國駐軍配備，並暗殺有關要人等工作。有華人李德俊等專任平漢線測繪主要地形。	
北平特務機關	松井 Matsui 少佐 副長 濱田 Hamada 少佐			本年二月五日松井（Matsui）曾由平飛長春晤板垣（Itagaki）參謀長，商討所謂華北明朗化、政權特殊化之進行辦法，八日返津，十三日下午在津召開關內外兩軍部秘密會議，邀集偽滿偽冀東組織加入關東軍參謀副長今村（Imamura）、第二課長武藤（Mutoh）殷逆偽外交部專員鮑光澄，以及華北各地駐在之各特務機關長均及時趕往參加會期二日。	
張垣特務機關	大本 Ohmoto 少佐 主持情報員 那珂道雄 Michio Naka 中澤達喜 Taki Nakazawa	張家口		去歲末曾派日軍四人率領苦工三十餘人，由大本公館栽桿掛線經市內向張北建設預備通話。	

機關名稱	主持人及所屬人員	地點	組織及通訊設備	活動情形	備註
通州特務機關	甲斐厚 Atsushi Kai 少佐			本機關為避免與關東軍之職權衝突，曾一時撤退，嗣後聞中央有密令冀察當局武力取消冀東偽組織之消息。乃於本年四月二十二日恢復之。	
梯隊	日人主持，華人馬樹人亦為中堅份子之一	通縣	以十一人為一組，內日人一、鮮人三、華人七。正隊長為日人，副隊長二人華鮮人各一，已成立二十四隊	分佈冀、察、晉、綏、平、津、青等地，專事刺探我方軍政消息，赴綏首領為胡壽田，赴張垣首領為王士文。	
青島特務機關	谷萩 Yahagi 中佐	湖南路十四號	近分總務、情報、人事、交際四系，以交際系主任藤本泰治（Yasuji Fujimoto）活動最力，次為情報系主任山本英夫（Hideo Yamamoto）	（一）強化日僑組織 在青日僑團體原有居留民團，在鄉軍人分會、黑鐵會、戰友會、國防婦人會、青年團義勇隊等組織。立場不同，意志亦不一致，特務機關之第一任務，即為設法統一並強化各日僑團體，以鞏固政治侵略之陣線。（二）取締抗日組織 日方認青島乃魯省抗日之根據地，去歲十二月三日，海軍陸戰隊上岸所搜查之黨部、國術館、平民報館，皆彼輩心目中之抗日組織。此外基督教青年會中央派來之軍訓教官，皆認為有反日嫌疑，甚至日紗廠內工人運動之活動份子，亦認為與抗日組織有關係。故去年紗廠罷工風潮發生後，廠方所開革之工人達七七七名之多。（接次頁）	

機關名稱	主持人及所屬人員	地點	組織及通訊設備	活動情形	備註
青島特務機關	谷萩 Yahagi 中佐	湖南路十四號	近分總務、情報、人事、交際四系，以交際系主任藤本泰治（Yasuji Fujimoto）活動最力，次為情報系主任山本英夫（Hideo Yamamoto）	（三）佈置情報網 在我教育機關如山東大學青島市中盡力利用在學之韓籍學生，向我國學生極事拉攏，藉由家長方面刺探種種消息，對於我市府及海軍方面，則利用與校中職員有相當關係之華人，從事探聽，他如聊城路一帶各日本舞場，亦均為日方暗探活動之大本營。（四）企圖組織反動團體 去歲十二月初旬，各紗廠關門工人失業之際，竟運動組織所謂「求食委員會」，企圖破壞治安。惟關於此類計劃之進行及參加此項計劃之漢奸行動等，均極秘密。最近利用周子西、黃獻廷兩人，收買漢奸組織特務隊隊員約有二千人，小首領每人月支四十元，以無業在幫者為基礎，目的在擾亂膠東一帶。另組偽組織，關於此一事於天津日武官會議中，谷萩（Yahagi）曾有詳細報告，此後仍將秉原定方針進行，決不因鄭案破獲而有所瞻顧。現任惠通公司科長姚某前在青島時與藤本泰治（Yasuji Fujimoto）等亦有相當關係。	
太原特務機關	河野悅治郎 Etsuro Kohno 中佐	城內新城北街二十四號	設有無線電台	調查交通、教育、經濟建設等各項情形，時乘飛機往返平津、石家莊等處，月必數次向晉省當局請謁，其目的在促進所謂共同防共。	

機關名稱	主持人及所屬人員	地點	組織及通訊設備	活動情形	備註
鄭州特務機關	志賀秀二 Shuji Shiga 屬員 山口勇男 Isao Yamaguchi 田中教夫 Kyofu Tanaka	通商巷九號	假借文化研究所名義，以為掩護，一切密件均由鄭州日本領事館代遞。	為豫、陝、甘特務通訊之總樞紐，其企圖之有確據者凡五： （一）策動豫省黃河以北各縣獨立，利用漢奸吳百諾為自治區長官。 （二）勾結土匪民團供給械彈使之暴動。 （三）編印反動口號造謠煽惑民眾。 （四）搜集中國軍事秘密文件、地圖等實行間諜工作。 （五）組織特殊無線班，以妨害或竊收中國電訊。	已於二十六年一月五日，由河南第一區行政督察專員公署阮專員，破獲茲將本區之破獲及辦理經過情形另為概述之如（5）

開封特務工作負責人小坂（Kosaka）最近由北平特務機關改調和田（Wada）輔佐官主持之，工作員為佐藤正（Masa Sato）及鈴木一郎（Ichiro Suzuki）。

保定特務工作負責人宮崎（Miyazaki），工作員為小泉又次郎（Matajiro Koizumi）及片山哲（Tetsu Katayama）。

任務：偵察各地軍政、教育、商業等事情並陰謀破壞我國之交通等。

（5）鄭州特務機關案之破獲及辦理本案之經過情形

日人志賀秀二（Shuji Shiga）等於鄭州，假文化研究所名義，暗設特務機關，實行間諜工作，密謀擾亂地方治安，危害中國之生存，於二十六年一月五日為我方所破獲，搜得重要證據多件，遂將要犯日人志賀秀二（Shuji Shiga）、山口勇男（Isao Yamaguchi）、田中教

夫（Kyofu Tanaka）等三名帶署看管，於翌日日本駐鄭州領事館派員領去。

　　此案破獲後，迭經外交部據向駐京日使館交涉，要求嚴懲該志賀（Shiga）等，及參與志賀（Shiga）等陰謀之增田繁雄（Shigeo Masuda），並要求撤換身為領事乃竟掩護非法機關之日本駐鄭領事佐佐木（Sazaki），日方非特未允照辦，反諉稱此事係志賀（Shiga）等個人之荒唐行為，佐佐木（Sazaki）事前並不知情，更曲解領事裁判權，謂我國之搜查日人家宅，拘捕日僑於手續上殊為不當，經外交部痛予駁斥後，日方始終未予答覆。

關東軍所轄

長春特務總署
- 榆關（機關長橫山 Yokoyama 少佐）
  - ——副長齋藤 Saito 少佐
    - 情報系主任 春主正一 Seiichi Harunuchi 大尉
    - 調查系主任 阿部良次 Ryoji Abe 大尉
    - 外事系主任 田春光重 Mitsushige Taharu 中尉
  - 屬員 { 下尉 下士官 曹長軍曹 等十餘人 範圍頗大 }
- 天津（機關長高橋精一 Seiich Takahashi 大佐）
- 通州（機關長細木繁 Shigeru Hosoki 中佐）
  - ——副長遠山一郎 Ichiro Tohyama 少佐屬員 { 大川英一 Eiich Ohkawa 大尉 黑川性重 Seiju Kurokawa 大尉 田中一英 Ichiei Tanaka }
- 北平（機關長淺野 Asano 少佐）
- 青海（機關長木村 Kimura 大尉）
- 平涼（機關長井上 Inoue 大尉）
- 額濟納（機關長橫田 Yokoda 大尉）
- 察北（機關長實川 Minokawa）

機關名稱	主持人及所屬人員	地點	組織及通訊設備	活動情形	備註
榆關特務機關	橫山 Yokoyama 少佐			強制我石河陀東各地實行時間統制，與偽滿時間劃一各冀東偽機關亦實行此新時間。	
天津特務機關	高橋 Takahashi 大佐	日租界旭街一〇九號			
北平特務機關	淺野 Asano 少佐	東城外交部街十七號		本年一月起開始工作。	對外不用特務機關名義，以避人注意。
額濟納特務機關	橫田 Yokoda 大尉			以額濟納為根據，進窺河西及青海等處，誘惑蒙民意圖佔據要地，以打通蒙古通新疆之路線。	
察北特務機關					詳另表

察北特務機關

機要室（機要書記一人書記二人至五、六人）	財務股（股長一人、會計員一人、庶務員一人、書記一人至二、三人不等）
	通信股（通信員二人、管理員一人、僱員若干人，多為蒙漢人，每股至少有四十瓦特無線電台一座，五瓦特電台多座）
	交通股（股長一人、汽車管理員一人、響導多人，多為蒙漢人，至少有乘座汽車一、二輛，運輸車數輛至十餘輛）
	外遣特務員（因地方工作上之需要臨時派遣之）

商沽特務段（包括商都、沽源崇禮、尚義、張北等五縣）—張北特務機關長真月 Matsuki	出張所—沽源、崇禮
	臨時出張所—尚義、商都、黃花坪（在張北縣南）
多化特務段（包括嘉卜寺、多倫、保昌、康保等四縣）—嘉卜寺特務機關長田中久 Hisashi Tanaka 中佐	出張所—保昌、康保、茶棚（在多倫西南）
	臨時出張所
滂貝特務段（包括錫林果勒盟全部）—貝子廟機關長藻宮 Momiya 中佐	出張所—東蘇尼特旗府、東烏珠穆沁旗府
	臨時出張所—蘇治（在滂江東南）
駐察特務團—以田中久（Hisashi Tanaka）為團長森岡（Morioka）為副團長並於各師派一員負聯絡之責關於各部教育訓練指揮調動均承該團長之策動	

察北特務機關之活動情形

軍事方面	屬於調查或策動範圍以內者	地方軍隊、國防、雜色軍隊以及地方義勇軍之實力及分佈情形。地方軍事領袖之思想態度及其號召能力等屬之。
	屬於調查或測繪範圍以內者	地方軍用詳圖、分圖、軍事交通等圖。我國國防設備或準備與所謂滿蒙國防參考資料及地方軍事計劃等屬之。
	屬於調查或諜報範圍以內者	地方軍事教育內容、軍隊訓練情形、佈防地點及調動情形、地方軍用文件、軍事領袖之學識能力及其出身，以及戰時關於敵情之偵察等屬之。
	屬於協助範圍以內者	地方軍事計劃、行軍計劃、軍隊響導、雜色軍隊之收編與整頓、訓練工作，佈置、作戰機宜、軍隊分配與調動工作及軍事交通運輸計劃等屬之。

政治方面	屬於調查或策動範圍以內者	地方行政組織、地方人口、經濟狀況、文化程度、行政領袖之思想、態度、出身地方、政績之優劣、土豪、劣紳、土匪、人民自衛力量、蒙族實力、各王公之思想能力，以及漢蒙官民間一切關係和現狀等屬之。
	屬於調查或諜報範圍以內者	地方當局之施政方針、治安情況、地方政治運動、變相政治運動、人民訓練機關與團體之內容、地方教育事業之狀況、各級學校學生之特殊訓練內容、地方宣傳工作等屬之。對於中央在平綏路沿線有無關於軍事上、政治上之設施準備，尤為注視，無時不在留意之中。

長江流域之特務機關

主持人 Sanetaka Kusumoto 楠本實隆	重慶特務機關總負責人岩井英一 Eiichi Iwai（現已返日）經費每月三千元 設太平門補一藥房所有電訊概由日領館代為拍發	
	九江特務機關總負責人 河南達夫 Tatsuo Kawanami	又一說為 吉野太郎 Taro Yoshino 經費每月乙千元
	宜昌特務機關總負責人 泉野 Izumino	經費每月乙千元
	漢口特務機關總負責人 永吉田一 Taichi Nagakichi	經費每月三千元
	沙市特務機關總負責人 原 Hara	又一說為 萩永福三 Fukuzo Haginaga 經費每月乙千五百元
	南昌特務機關總負責人 侯野 Kono	經費每月二千元
	蕪湖特務機關總負責人 寺南村夫 Murao Teraminami	又一說為 古月 Furutsuki 經費每月乙千元
	武漢特務機關總負責人 伊英益 Eki Igure	
	上海特務機關總負責人 楠本實隆 Sanetaka Kusumoto	設施高塔路五六號，重要會議多在陸海軍武官室舉行。
附註	為日軍部策動組織，每特務機關均置短波無線電台兩座，除與各地特務機關互相呼應外，其主要情報均於每日下午，用電拍滬由三馬路外灘三菱銀行 Mitsubishi Bank 屋頂之總機，收送日陸軍特務機關長江流域之總負責人楠本（Kusumoto）	
華南特務機關	廣州特務通信員河村勝 Katsu Kawamura 渡文太郎 Fumitaro Watari	
	汕頭情報負責人山崎 Yanazaki 領事	
	福州特務機關長吉平一 Ichi Yoshihira	

附註	日本陸、海、外三省策動組織，查廣州、汕頭、廈門、福州等處之日特務機關，均由各該處日領及陸海軍武官策動為多，其他則藉各會團如亞細亞協會、正義團、中日親善會等名義以為掩獲，所用諜報員多為漢奸或臺人，所用款項甚巨，除由日陸海外三省策動外，尚有臺灣總督府之策動。

海軍方面所屬各特務機關

天津特務機關　　　　　機關長久保田 Kubota 大尉
　　　　　　　　　　　（隸屬旅順要港部）

青島特務機關　　　　　機關長佐藤 Sato 少佐
　　　　　　　　　　　（隸屬第三遣外艦隊）

北平特務機關　　　　　機關長桑原 Kuwabara 中佐
　　　　　　　　　　　（北平大使館）

偽滿所屬

上海特務機關　　　　　負責人不詳設蓬路四六五號

天津特務機關　　　　　機關長松岡 Matsuoka 大尉

十八　日人私運金屬物資出口

東北外交研究委員會報告

（1）日人矇運廢鐵赴日案

　　廢銅鐵在中國，自民國廿二年五月廿四日起即定為禁運出口物品，歷年日方在中國各地私自收買運日者，為量極鉅。近來禁令加嚴，時有破獲。廿五年十一月日人長澤（Nagasawa）收購廢鐵一千二百噸，將由上海裝日輪運往天津，被滬市水警查扣。日本大使館乃致文外交部解釋，此項廢鐵僅係移出沿岸，並不違反中國法

令，請予放行要求再三。當經轉行上海市政府令飭出具保證書放行。乃嗣據津海關報告，該項廢鐵於是年十二月十七日由日輪博進丸（Hakushin Maru）在塘沽報運進口。至二十日該輪未經呈請結關，突懸掛日本軍事運輸旗幟，將原貨運往日本，與該大使館之諾言完全相背。

（2）天津日本軍事當局強運廢鐵赴日案

廿五年十月九日津海關據天津大連汽船公司來函，係由日本駐屯軍川田（Kawada）中校簽證，由於日本軍部現租妥惠昌輪船一艘專載軍用品運回日本等語。經該關查明所謂軍用品，即係前因無政府護照被該關禁止復運出口之廢鐵。此項廢鐵係廿四年四月以後以運商名義由上海運津，而始終未曾聲明與日本駐屯軍有若何關係。是月十三日該輪開始裝載二千六百噸，當經阻止。乃該輪竟以日軍運輸處旗幟為護符，置之不理。

廿六年二月十二日日本駐津軍事當局將前由滬運津之舊剪口鐵，約四百公噸，擅自裝由日輪松浦丸（Matsuura Maru），懸掛日本陸軍旗幟，運往日本，所有結關等手續，均不照辦。

（3）日人私運白銀銅元出口案

查關於私運銀幣銀類出口，在華北方面以廿四年上半年間逐漸猖獗，事實多不勝書，無待縷舉。迨秦皇島海關關員受日本駐屯軍干涉，不能攜帶手槍，私販在山海關一帶更公然私運銀貨出口，毫無忌憚。直至廿五年春初，因海外銀價驟落，此種事件始漸形減少。上海方面私運銀幣銀類出口之風，亦以廿四年年底為最盛，時

關員在駛往日本之日籍船上查獲私銀，極為常見之事。
惟每次緝獲必被在場日本領事館館員強行取去，並不顧
海關抗議，每於事後照數發還私販領回。

　　至於私運銅元出口情形，在廿五年年底各口均極猖
狂，上海且有日人開設之化銅廠，將收買之銅元鎔化
運日。江海關關員迭次在日籍輪船上所查獲之私運銅
元為數甚鉅，而因此被日鮮私販兇毆成傷之事，亦時
有所聞。

　　茲將民國廿四年起至廿六年三月止，各海關緝獲充
公私運銀幣銀類之價值列表如次：

年別	一月至三月	四月至六月	七月至九月	十月至十二月	共計
二十四年	一二五、二五八・二〇	三八〇、三八四・四〇	二八三、七四三・〇八	二二九、六二四・六〇	一、〇九、〇一〇・二八
二十五年	二三八、六一三・二一	一七、三〇二・七二	六八、二三四・九五	三二、五二四・四二	三五六、六七五・三〇
二十六年	二二、一五三・七六				

上表以國幣元為單位，小數點下為角分兩位。

十九　日軍侵略西北各省

東北外交研究委員會報告

　　日軍自非法佔據平津一帶後，憑藉暴力肆意侵略。
一面發動上海事變，並進窺粵、廈各地；一面積極進攻
河北，察、綏、晉、魯，豫各地而佔領之。蠶食鯨吞，
迄無止境。其所佔領之地，輒復嗾使漢奸設立非法組
織，藉以攫取政權為其作倀。如八月一日設立之北平地

方維持會，以漢奸江朝宗為會長，日人今井（Imai）、櫻井（sakurai）等亦列為委員，並有日籍顧問十八名之多。天津地方維持會亦於八月六日正式成立，以漢奸高凌霨為會長，由香月（Katsuki）派橋本（Hashimoto）監誓，並派日人小林（Kobayashi）、原田（Harata）等為該會顧問。此外在被佔領地方之張家口、寶山縣等處，亦無不有此傀儡組織。

二十　日本歷年違法懸案之一部

錄自國聞週報報導

民國廿年及廿一年

　　自東北事變起後，日本屢次聲明，中國政府不尊重日本在條約上既得之權利，日外務省並公布懸案百數十件，以為證據，且藉以掩飾其在東三省暴行之罪惡，實則日本侵犯我國主權，及損害我國僑民生命財產之事件，即最近十年來所發生者，亦已指不勝屈，茲從官廳方面搜集。日本政府應負責任，而迄未解決之重要案件，彙綜於次，其性質較次，及因日本人民非法行動，致中國人民受有損害之案件，尚未列入也。

目錄

　　撤退駐華日本領事館日警案（前清光緒元年），日軍艦在廟街麻蓋附近擊燬華船傷斃華人案（民國九年六月），吉林琿春案（民國九年十月二日），日人小樋彌作助匪擾亂邊境案（民國十一年九月二十四日），青

島觀象臺日員交代案（民國十一年十二月），撤銷南滿
日郵案（民國十一年），長沙六一案（民國十二年六月
一日），日本地震慘殺華僑案（民國十二年九月），日
本不照協定購買青島食鹽案（民國十五年），第一次朝
鮮暴動案（民國十六年十二月），日人或臺籍民販賣各
種毒品案（民國十七年至二十年共十五件），日人細野
繁勝著滿蒙管理論交涉案（民國十七年二月），日艦谷
風槍殺平潭漁民案（民國十七年二月二十七日），濟案
損害問題案（民國十七年五月三日），日本博覽會籌設
滿蒙館案（民國十七年九月），日本漁船侵入我國領海
捕魚案（民國十八年），日人慘殺蓋平縣農民張玉堂案
（民國十八年五月二十三日），日警闖入遼寧郵局刺傷
郵差案（民國十八年六月十五日），日聯隊在長春演習
踐毀民田案（民國十八年八月），遼寧日警打傷信差何
友三（民國十八年八月二十三日），鐵嶺日兵與警察衝
突擅捕保安隊凌辱案（民國十八年九月），福州日商籍
民永租屋地稅契案（民國十八年十月），瀋陽農民被日
軍擊斃案（民國十八年十月十七日），延吉日警包圍
細鱗河保衛團分所誘捕教員案（民國十九年一月十三
日），日輪東豫丸私運軍火案（民國十九年二月二十三
日），延吉日警逮捕農會副會長金仁三案（民國十九年
四月），韓籍私販搗毀安東關卡案（民國十九年五月
十七日），日守備隊在南滿鐵路旁槍殺賣菜農民甯寶臣
案（民國十九年六月二日），日警強提安東關查獲私運
軍火案（民國十九年六月三日），龍井村陸軍連附抓賭
被日警毆辱案（民國十九年七月二十八日），福州日領

館擅拆煙館封條案（民國十九年八月及二十年三月），龍井村中日軍警衝突案（民國十九年十月六日），日軍壓迫安東市電燈廠案（民國二十年四月二十八日），日艦芙蓉號等駛入內河案（民國二十年五月十八日），日軍強佔臨榆農田為靶場案（民國二十年六月），第二次朝鮮暴動案（民國二十年七月），長春日警藉口保護萬寶山韓農擅入內地案（民國二十年七月），圖門江日軍演習案（民國二十年八月）

（一）撤退駐華日本領事館日警案

（自宣統元年至十九年五月），自前清宣統元年，中日訂立圖們江界約，駐在延邊商埠各日本領事館，即附設日警一、二人。迨民國四年以後，各該日領館，竟添設司法警察至二、三十人之多。及至民國九年，延邊內地也駐日警達四百餘名，迭釀事端，經隨時向日本領事交涉撤退，未得要領，民國十二年以來，哈爾濱街市及車站，亦發現日警，並設立派出所二處，官警共約五十名，迭經該處交涉員交涉，迄未撤退。青島自交還中國以來，日本領事館亦附設警察六十餘人，身著制服，佩刀，往來市街，交涉撤退，亦無要領。

我方以駐華各日領館，擅設日警，殊屬蔑視我國行政主權，並迭准東北政務委員會咨請交涉，於十九年五月三十日，照請日使，即行撤退；而日方則謂此項日警之派駐，實為充分保護，及取締日本僑民，惟為免除中國官民之誤會起見，除必要外，限制著用制服，而於撤退一節，並不提及。

（二）日軍艦在廟街麻蓋附近擊燬華船傷斃華人案

（民國九年六月）九年六月間，有中國艦隊所派之運柴風船一艘，在俄屬麻蓋附近，途遇日本艦隊，該船為免除誤會起見，當時即下錨停泊，並高懸國旗兩面，而日艦竟發砲共約八、九發之多，將其擊沉，以致傷斃船上傭工三十四人，事後並將該船焚燬。且麻蓋附近有中國運柴船一節，事前中國艦長及駐廟街中國領事，均曾切告日本軍官，請飭注意，該軍官等，亦已允諾。我方曾於九年十二月三十一日，根據以上事實，照會日使，提出辦法四條：（一）日本政府對於本案之全體，應向中國政府道歉。（二）轟擊中國風船之日艦官長兵丁，應查明嚴辦處罰，並將辦理情形通告中國。（三）已死之傭工三十四人，及重傷者一人，應各給予撫卹金。（四）擊燬之船，以及船內一切物品，應照數賠償。而日本方面，則謂該船對於日艦停泊之要求，不但不理，反圖逃逸，是以加以砲擊，因恐該船為敵利用，故將其焚燬。日艦之措置，正與一九〇九年倫敦宣言第六十三條及第四十九條，及日本海戰法規第九十五條、第九十六條、第百二十六條及第百四十一等條所規定者相合，日本政府故不能負賠償其他之責任云云。復經前外部於十一年二月十五日，根據前海軍部核復，以該風船毫無抵抗能力，且當時亦無抵抗行為，依照倫敦宣言及日本海戰法規，日軍且未能將該風船沒收，況遽加以砲擊，又日軍彼時之處置，與倫敦宣言第四十九條及日本海戰法規第百十六條所云不得破壞及正當檢定

諸說，已完全相反，根本上不得適用其規定云云。駁復日使，並請查照前提四款，迅予同意，嗣後迭經照准，迄無結果。

（三）吉林琿春案

（民國九年十月二日）。九年十月二日，有馬賊圍攻琿春，焚燬日本領事館，日韓人死二十一人，傷十九人，日本即派軍隊四中隊六大隊，先後入境，日使提出要求條件四款：（一）撫卹。（二）賠償。（三）處罰責任者。（四）道歉。十一年四月間，日使提出損失清冊，要求與其他各款，一併從速照辦。我方以日軍擅行入境，侵我主權，而商日使道歉一節，應由雙方相互行之，懲辦官吏，礙難照辦。並根據延吉道尹報告，於十一年七月間提出延邊五縣華民墾民等，因日軍入境所受損失，要求日方賠償，至華民死二十四名，重傷四名，墾民共死三百二十四名之卹金醫藥等費，聲明保留。嗣照日使提議，雙方先行派員交換意見，日方提出日韓人弔慰金及財產損失等項共日金四十六萬四千餘元，我方根據延吉道尹報告華民財產損失二十四萬二千餘元，墾民等一百餘萬元又華民恤金等四十五萬九千餘元，墾民等恤金等費一百九十八萬六千餘元，雙方委員迭次商議，日方謂韓人不能出籍，墾民即係日本人，不能由日本償恤。至要求日政府陳謝一層，謂日本出兵，係根據國際法上之自衛權，堅請撤回對案，曾經我方反駁，並表示如日方能允陳謝，則墾民要求可以商議讓步，日方仍執意不允，接洽因以停頓，嗣後迭經催促日

使，迄未有具體答復。

（四）日人小樋彌作助匪擾亂邊境案

（民國十一年九月二十四日），十一年九月二十四日，吉軍剿匪，探得傻子隊內有日人在于家堡附近，盤獲日人小樋，並身帶官帖銀飾等物，供稱先充苦工，後加入傻子隊，與日人遠藤助匪作戰，意圖助長中國匪徒，擾亂邊境，以備本國外交之藉口，期攫權利，各匪軍械，非伊等販賣，係本國接濟，所有機關槍兩架，實由本國運至間島頭道溝，名被匪搶，實係交付，錢款銀飾等件，係迭搶分得贓物等語，經吉林特派員將該人移送駐吉日領處罰，並提抗議，十一月十八日，我方據照日使，並告以世人早已宣傳日本軍事特務機關，暗助馬賊，擾我邊陲，以遂其進兵駐警目的，觀於哈埠查獲軍火，及此次日人小樋親供情形，則日人之助長中國延邊匪亂，確為不可掩之事實，請其轉達政府嚴懲並屬行取締。嗣據復稱，該日人並無協助馬賊情事，前次口供，係李營長脅迫而出，當即根據事實，駁復日使，仍請其查照我方上次照會辦理，十二年十二月十四日復經照催，迄未答復。

（五）青島觀象臺

（前稱青島測候所）日員交代案（民國十一年十二月），民國十一年接收青島之時，日人藉口我國一時無測候專門人才，不允將青島測候所交還。嗣經魯案善後督辦，與日使迭次磋商，始訂定辦法八條，有允許我

國派員入所協同辦理，日員仍舊暫時服務等語。前北京
外交部，迭向日方交涉，日使雖有開始商議之表示，迄
無結果。迨十八年八月，我方根據山東懸案細目協定附
件第五（三）乙項之規定，「將來中國測候所職員養成
後，與舊職員交代時；更定與日本測候所報告連絡之辦
法」，派員與日方協商，我方提出辦法七條，以確定青
島觀象臺日員交代後，與日本測候所之報告連絡辦法，
日方亦提出辦法七條，並了解事項三端，其中所擬青島
觀象臺觀測及調查地磁氣；由日本技術員主持各節，均
與上述規定抵觸，迄經交涉，並未解決。十九年一月，
我方續催日方從速會商，彼復指中國職員，現多更換，
技術方面，不無退化，及所用儀器係法國式，於日方氣
象之報告連絡，頗多不便。又稱中日雙方在青島觀象
臺，均有地磁氣之觀測，日方請互相研究比較，華方未
允，連將觀測所得送荷蘭Bilt氣象臺公布，茲查該臺公
布，並不精確，殊與日輪航行青島有關各等語，均經
一一指駁，並要求速派技術員與我方會商交代後報告連
絡辦法，嗣後迭次催促，日使迄無答復。

（六）撤銷南滿日郵案

（民國十一年），華府會議我國提議撤銷在華客郵
一案，當時日本代表在會議席，雖經陳述關於南滿鐵路
區域內日郵之意見，然經一再討論，認為日本在南滿鐵
路界內，僅有通過權，日代表並無異言。嗣經大會決
議，定期一九二三年一月一日以前，所有英、美、法、
日等國在中國各地郵局，除租借地及條約特許者外，一

律撤銷。十一年（一九二二年）七月間，日使提議派員
會商日郵撤銷以後各種協定，八月雙方委員會議於北
京，於簽定各項新郵政協定處，另附文件，聲明南滿鐵
路區域內日郵問題，將來再由兩國政府另行接洽辦理，
嗣後迭經照會日使，重提撤銷之議，迄無結果，至南滿
鐵路區域內之日本郵局及郵便數目，據郵政總局十七年
五月報告，已達六十餘處。

（七）長沙六一案

　　（民國十二年六月一日）十二年六月一日，日清公
司商船武陸丸抵長沙時，適值該處市民在河岸講演。群
眾聚觀，阻礙搭客登岸，日本兵艦伏見號，猝派徒手水
兵上陸示威，經湘省官廳竭力彈壓，並向日領力任保
護，要求撤回無效，該艦繼復於群眾漸散時，派武裝兵
士二十餘名登岸，由官長指揮突向人叢射擊，立斃徒手
市民二人，重傷十五人，其死傷者皆在日商碼頭以外，
足證當時追擊情形，並非出於自衛行動。本案發生後，
前外交部根據湘省六月三日報告，於五日向日使提出抗
議，六日照湘省所提條款，照會日使，原提條件如下：
（一）此次槍殺華人之指揮官及其兵卒，須按日本軍法
嚴重治罪，並將辦理情形照會華官。（二）須對於槍殺
及受傷華人從優給卹。（三）須由日本艦隊司令官，向
湘省官廳謝罪。（四）另由日本政府用正式公文，向中
國政府表示道歉之意。（五）由日政府擔保嗣後不再有
此種事件發生，同時電駐日汪使，向日政府交涉，部派
委員赴湘調查，迭催日使及日政府承允所提之五款，日

政府堅持水兵行為為正當防衛，嗣經公牘往還，雙方會晤磋商，迄未結案。二十年六月四日，我方以節略提請日本代辦，按上開五款，轉電日政府，迅予照辦，仍無確實答復。

（八）日本地震慘殺華僑案

（民國十二年九月），西曆一九二三年日本大地震時，日方藉故殘害華僑，據本國特派大員調查事實，計分三項：

（一）大島町虐殺華工案，東京市外大島町一丁目，至八丁目有華工二十餘人，震災後日本自警團警察軍人，誘迫華工，將所有金錢，一概交出，迫至八丁目附近，用刀棍擊斃；用煤油燬屍滅迹，餘由日本軍隊移至兵房收管，旋即遣送回國，有一死而復蘇之華人，及日本紳士新聞為證。

（二）學生王希天被害案，震災案，王希天奔走救濟華工，忽於九月十二日，在東京失踪，是日早，日本武裝兵士反縛王希天拘入東京龜戶警署，以後即行踪不明，日方詭稱已釋放，實係被殺無疑，有同日之華人及救世軍追悼會為證。

（三）橫濱及附近華工學生被殺案，橫濱方面華工被殺者外又有學生等三人被殺，內有二名，曾有人目覩，為日本自警團持械縛打至全顱全破。以上事實，均為日本兵警之加害，自非因震災混亂誤殺甚明，且均在震災日之後，並有充分證明，日官廳萬難推卸責任。迭經照會日使及日外部，並開送死傷損害各表，要求懲

兇、償卹，乃均託詞卸責，延不結案，計此案被害華人
四百三十七名，生死不明者四十六名，受傷者七十七
名，財產損失約近萬元。

（九）日本不照協定購買青島食鹽案

（民國十五年）按照解決山東懸案細目協定，日本
每年應購買青島食鹽最低額一萬萬斤，乃自協定成立以
來，從未遵照協定範圍之數量訂購，甚至對於既經訂定
之數量中途又任意減退，如民國十五年訂定九千萬斤中
退去一千五百萬斤，十七年訂定八千萬斤中退去六百萬
斤，十九年訂定一萬萬斤中退去一千一百六十萬斤，致
使輸出供給失其準備之標準。每年購買數量及價格之協
定，僅憑日本專賣局片面之意見，強經理輸出人承受，
否則以減少購量相挾制。歷年以來，經理輸出公司賠累
甚鉅。外交部迭准財政部之請，向日方交涉遵照協定辦
理，亦無結果。

（十）第一次朝鮮暴動案

（民國十六年十二月）民國十六年十二月朝鮮人藉
口報載東省取締鮮僑，聚眾暴動，戕辱華僑，掠奪財
物，圍攻仁川領館，蔓延幾及全鮮，計華僑死二人，傷
四十八人，直接損失日金二萬九千餘元，間接損失九萬
餘元。日使藉端先提抗議，圖卸疏縱之責。經我方駁
復，並將死傷數目照送日使要求償卹，其損失賠償因尚
待調查，聲明保留，嗣經切催日外部，迄以轉查為詞，
拖延未結。

（十一）日人或臺籍民販賣各種毒品案

（民國十七年至二十年共十五件）日人或臺籍民以治外法權為護符，在中國上海、天津、大連、遼寧、北平、青島、濟南、漢口、福州、廈門等或公然開設煙館，或藉名行醫售藥，販賣嗎啡、高根、海洛英等毒品，不服地方官廳取締。日領且抗議搜查，既經為當場破獲，提向日方交涉，日方輒藉詞搪塞，要皆隱存庇護，總無切實結果，最著者計有下列各案。

一、大連日本交易所運銷海洛英至天津、瀋陽、石家莊、吉林等地方案，（十七年）大連商品交易所理事長夥同多數日人密運嗎啡、鴉片、海洛英等毒品，民國十七年間約值一百三十八萬日金。十七年以前被發覺者達四百餘萬之鉅額，以大連為總機關，運銷於天津、瀋陽、石家莊、吉林等地方。被檢察廳發覺被檢舉者有白川、山松、川上、釜野等多人，事連東京、大連當局，遍載大連各報，所謂大連五大疑獄事件之一也。

二、漢口日人製造毒品運銷內地案（十八年二月），日人在漢口以德國機器製造嗎啡，秘密銷售，經國際禁煙會代表來電報告有案。

三、濟南市查明日商百餘家密售毒品案（十八年八月間），濟南日僑華北洋行豬狩寅治，回春藥房大森繁，長隆洋行金奈，泰隆公司生駒清秋，天地洋行田島定輔，射清洋行清古伴七，濟南公司野中喜代治，山浦洋行山浦虎雄等八家，歷來製售各種毒品，於十八年八月經山東交涉員呈准山東省政府會同公安局遴派員警前往挨次檢舉，當場查獲大宗毒品，製造毒品原料及器具

甚夥，尤以白丸為最多。我方當函駐濟日領分別查封，懲治沒收焚燬，未准將辦理結果函復，其他僑居濟南、膠州、桓臺、維縣、益都等處之日人，暗售毒品者為數尚夥，亦經附表另函日使，迄未准復。

四、日警強索煙犯崔元俊案（十八年九月間），延吉公安局於十八年九月局子街崔元俊家搜查煙案時，日警忽來干涉，即請交涉無效。

五、日輪長風丸私運鴉片案（十八年十一月），日輪長風丸於十八年十一月裝運鴉片至滬，行至吳淞口，經吳淞要塞司令邀同各法團當場在該輪火艙查獲煙土共二十件，約三百餘兩，移送上海法院訊辦，並函由禁煙委員會函准外交部轉飭江蘇交涉員向駐滬日領交涉取締，未准日領答復。

六、遼寧郵局扣獲日人飯治私運毒品案（十八年十一月），遼寧郵局於十八年十一月間查獲自德國漢堡寄運海洛英一百二十餘包，每包價五百兩，收件人為日人飯治，經郵務局遼寧省政府一再化驗明確，該日商亦自認係同一性質之貝洛寧，即經省府當眾焚燬，一面飭特派員交涉懲治，一面咨明外交部據函日德公使從嚴取締。

七、福州籍民廖獻章庇煙率眾搶犯案（十八年十二月），福州日籍民廖獻章於十八年十二月間，當偵緝隊破獲判官廟煙案時，竟率眾開搶，持刀將煙犯搶去，搶傷探警調查員等而逃，迄未緝獲。

八、山海關日駐軍強索販賣毒品人犯案（十九年），山海關日本駐屯軍屢次強行索回昌黎縣抓獲之販賣毒品

人犯。昌黎縣日人九家，藉名行醫售藥，實則專售嗎啡、高根、海洛英等毒品，歷經該縣禁止無效，查獲輒為日駐軍索去。經禁煙委員會函准外交部以昌黎並非通商口岸，日人不得在境營業，其私售毒品尤為不合各節，函請日使諭知該日人等勿再逗留該縣，迄未答覆。

九、日人在高密縣販賣毒品軍火案（十九年），高密縣日商共榮、天龍、寒川、丸山、美達、隆昌、三島、金岡、金城等九家，販賣毒品、軍火。該縣政府以高密並非通商口岸，當與直接交涉，請其出境，均恃強不理。各房東屢請遷居，亦霸屋不讓。經向日方交涉，亦無答覆。

十、廈門日人煙館二百餘家交涉案（十九年一月間），廈門日籍臺民洪榮彬、周發來及王南波等開設煙館土棧，違抗禁令，延不歇業。在十九年一月份計共尚有二〇三家，經思明縣政府造表函向駐廈日領交涉，迄無結果，福州更多。

十一、青島郵局扣留日人私運毒品案（十九年一月），青島日商三輪商會、吉岡洋行販售毒品，由瑞士德國漢堡販來高根、海洛英，由郵局掛號寄青，共一〇一件，經郵件檢查所查獲送交衛生局驗明，確係上項毒品，呈奉行政院交由外交部函請日使轉飭從嚴取締，未准答覆。

十二、福州日籍民槍殺吸煙客陸細福案（十九年四月），福州日籍民謝青雲於十九年四月間，在後州白舍廟臺籍煙館，袖出手槍，將吸煙客陸細福擊中額部由腰後穿出倒地身死，經福建省政府咨准外交部函請日使轉

飭協捕，迄未緝獲。

十三、上海海關扣留鴉片案（十九年十一月），上海海關於十九年十一月間，在德輪克勞斯利克馬斯號查獲煙土一百箱，祇下貨單駐明煙土由上海轉運至大連，海關以故違關章，扣留充公。本年五月日代辦函外交部稱關東廳專賣局與波商訂購鴉片一百箱，由德輪克勞斯利克馬斯號運往大運，被上海海關扣留，是否事實，據何理由，經外交部咨准財政部查復前由，即據復北平日使館。

十四、北平有田洋行售賣海洛英案（十九年十二月），北平小李紗帽胡同日商有田洋行販賣海洛英，十九年十二月間有許春林者前往購買，購畢出門，當被巡警查獲，旋據北平市公安局查明歷年破獲日人在平販賣海洛英、嗎啡等案件一百七十七起，均經分別送交日使館或法院法辦有案。

十五、日人在漢銷售毒品案（廿年四月），日人谷口勝次郎售賣毒藥水檢毒質藥水，於二十年四月間經憲兵營查獲，即檢同藥水雖經市立醫院化驗，係亞尼爾化合物，可以危人生命，並用犬試驗，犬即失知覺，遂將全案移送市政府辦理，計共毒槍五支、毒水五十瓶。

（十二）日人細野繁勝著滿蒙管理論交涉案

（十七年二月）日本人細野繁勝著「滿蒙管理論」，於十七月春間刊印發行，嗣由中國人王慕寧譯成漢文，定名「日本併吞滿蒙論」，在上海出版，我方得報即分函駐日使館覓購原本並交涉。旋接駐日使館復

稱，滿蒙管理論一書，當出版時即經購來閱讀，其措詞荒謬，主張凶暴，深堪髮指，曾面向日本當局指摘內容，請其查禁。彼方謂此類私家著述，純係發表個人意見，苟非顯干法律條章，未易以行政處分邃加干涉。且細野向無名望，若經查究，轉引起群眾注意，不啻為之刊登廣告等語，辯駁再三，仍持是說，迄未得具體解決。

（十三）日艦谷風槍殺平潭漁民案

　　（十七年二月二十七日）十七年二月二十七日夜，日本商輪錦江丸在福建平潭大富港迷霧觸礁，沉沒船員三十餘名，及其行李物品，經我國李一模漁船救護出險，登日艦葵號返國，翌日平潭縣長派員前往查勘時，突來日艦谷風不問情由，向該處漁船及岸上民眾開槍轟擊死十二人，傷二十七人。下午日兵復持械登陸，挨戶搜查而去。前福建交涉員向日領提出嚴重抗議，並聲明保留一切要求之權。日領復稱日艦駛到時，見有多數船隻奪掠物品，為驅逐海盜故發槍轟擊，此為軍艦應取之手段等語。復由該交涉員駁以當時多數船隻，均為吾國漁業船，所指奪掠物品究係何種物品及用如何手段，並謂當時救護船員及其物件即此處漁船之一，足以證明該處均為善良漁船，毫無疑義。岸上民眾住宅，均經日兵挨戶搜查，並未查獲一物，更無海盜之事實，故此次被害民眾，均係善良份子，提出懲兇、撫卹、賠償、道歉、保證五項。日領復函仍一味推卸，並復牽引與本案無關之海盜為藉口。該交涉員將本案經過詳情報外交

部，經部詳加審核，該日領所持各節理由，殊與事實不符，嚴令該交涉員根據所示理由駁復，日領仍顛倒是非，恃強狡辯，迄未結案。

（十四）濟案損害問題案

（民國十七年五月三日）十七年五月三日濟南慘案，我國軍民傷亡及公私財產損失，因當時濟垣在日軍暴力佔據之下，無法調查。嗣據公私各方面報告，統計其數目如下：關於人口傷亡者，死一萬七千餘人，傷三千餘人，死傷九千餘人（原報告死傷數目未分），被俘五千餘人，生死不明二百八十餘人（失蹤）。關於財產損失者，公有財產（已列價者，一千一百三十餘萬元，未列價者，待查明估計），私有財產（已列價者，二千一百八十餘萬元，未列價者，待查明估計），以上所列僅就已有報告而統計者。其全部損害，當數倍於此。十八年三月二十八日濟案解決，關於損害問題，其議定書內載明雙方各任命同數委員，設立共同調查委員會實地調查。決定之當時經與日使商定各派委員三人，我方派定人員名單已於是年六月中間通知日使，日方迄未將同數委員派定通知，十九年五月復經函催，亦置不復。

（十五）日本博覽會籌設滿蒙館案

（民國十七年九月）十七年九月名古屋舉行博覽會，該市新聞通信擬乘機開一新聞大會，設有滿蒙館，置諸日本屬地之列，事關侵略中國主權，外交部電駐日公使查明確實亟應抗議，旋據復經切實調查，果有此

館。同時西京亦有同一情事。當向外務省抗議，彼謂此不過因出品關係分館陳列，決無視滿蒙為日本殖民地之意，經再三辯論，彼允改用參考館字樣。十九年三月奉行政院令飭注意日人為獎勵向滿蒙侵略，並規定步驟起見，特於本年間籌設滿蒙館於東京各節，經部於三月二十八日電駐日使館查明。據復稱向日內務省、工商省、東京府各處探查，並無在東京籌設滿蒙館計劃，惟日本產業協會自本年三月至五月在上野公園開設海空博覽會會場，內有南滿鐵道株式會社出品室，陳列大連、旅順物產，並無滿蒙字樣。復據該使館十九年五月七、八兩日電稱，東京上野松坡屋吳服店有籌設滿蒙博覽會之計劃，業經與該店經理接洽，勸其中止，彼以該博覽會內容純係商業上招徠貿易性質，絕無政治意味，未肯中止。惟改由南滿鐵道會社出名承辦，經向日外務省切實交涉，據有田局長稱此種展覽會專以介紹外國事情，並無政治意味，如中國設立關於日本事情之博覽會，日本必無反對等語，當與再三爭辯，始允設法改為滿蒙事情介紹博覽會，在松坡屋吳服店六層樓上舉行，陳列風景等真人物產樣本，規模甚小，會期定為二十日等情，隨又聞日本在昂維期博覽會中將滿洲列為該國屬地之事，我方據電駐比使館查明，迄未得復。

（十六）日本漁船侵入我國領海捕漁案

（民國十八年）自十八年起龍口至羊角溝一帶，有日本漁船百隻，撞入我國網場，其他如大竹山、北戴河及山東之石島、石臼所等處，亦有日輪侵入，網罟被

毀，一個月損失達三萬餘元。是年六月日本電網船越臨榆縣境捕魚，掛損漁戶計關雲等漁鉤十餘筐，驚散魚群，損失甚鉅。十月至十一月間日本汽船十三隻在新民區海面捕魚，十八年至十九年間日漁船輪博多丸等十餘艘，在花鳥山東北任意捕魚，十九年，春日艦率領漁船千餘隻，滿佈臨洪口外及泰山迤東一帶。一月二十六日朱順發漁船在溫州方面被日輪撞沉，船身及魚網漁具損失約三千元，生魚二千餘斤，損失約六百元。五月至十月間日輪飛隼丸乘保護電力漁輪駛近萊州灣芙蓉島外捕魚。九月間吳淞、煙臺、寶山一帶有日漁船出沒，吳淞至煙臺及寶山至煙臺兩水線屢為所毀。十月間日本蓬萊漁業公司配置漁船，深入粵省沿海捕魚。十一月間日本鐵壳漁輪二十餘隻侵入佘山洋面捕魚。二十年一月日本電船九艘裝載槍炮駛入榆林港、牙籠港捕魚。二月間日漁輪玄明丸、滿千丸等三十餘艘在江浙洋面捕魚。我方以日漁輪侵入中國領海自由捕魚，對於中國漁船奪帆破網任意蹂躪，並有日艦往來梭巡，禁阻華方漁民捕魚，甚至猛撞漁船，實屬侵害中國主權。由外交部照會日方請令飭日漁船勿懸掛中國國旗，不得任意侵入肆行捕魚，速即退出中國領海領港，免滋糾紛。而日方答復則謂日漁船均係在公海捕魚，從無在中國領海內捕魚情事，亦並無中國漁船被日艦迫害之事。至日本派艦取締艦船巡航，係鑒於海賊危險，予日本漁船以保護，或此等漁船有不正當行為，同時亦可加以取締，此外並無他意。日本艦船對於中國漁船捕魚有所防害，事實上全無根據。嗣後中國如派取締艦船，甚願能與日本方面協

力，俾得圓滿解決。經部彙案咨商主管各部統籌辦法，為防止密輸及取締日漁輪以中國港為根據地，從事漁業起見，呈准行政院訓令海關對於凡未滿百噸之蒸汽船及發動機船，在中國港及海外間從事貿易者，自二十年二月一日以後一律禁止。又凡自外國港輸入，除由善意商船，執有貨單者輸入魚類，自二十年五月一日以後一律禁止。嗣因日方向財政部關務署聲請將日本漁船列諸禁令以外，該署以該船戶等驟被禁止，生計不無影響，允其飭令海關緩期三個月執行禁令，俾資另籌。迄四月間日本代辦來文，對於上項禁令，表示異議，請採用必要措置，仍准日漁船在接近中國公海繼續從事漁業。經我方據理駁復，同時日方請將禁令酌予展期，又准財政部四月念七日電，以關務署據總稅務司報告，實行禁令不免有困難之處，外交部當即商得實業部同意，咨由財政部在交涉期間，電飭各海關將禁令暫緩實行。六月二十日外交、實業、財政三部派員會商，決議關於禁止日本漁輪以中國海港為根據地事，由外交當局向日本代辦交涉，限期退出，如無結果，即由海關執行禁令。

（十七）日人慘殺蓋平縣農民張玉堂案

　　（民國十八年五月二十三日）蓋平分水車站開設嗎啡館主日人被刺事後，日警署派人在中國境內妄捕兇犯，迭經該縣長向日警署要求禁止，十八年五月二十三日日警三人在芭蕉嶺拘捕農民張玉堂，指為刺嗎啡館主人嫌疑，帶至大石橋日警署，時該農民畏懼圖逃，日警連放手槍，傷及大腿，翌日日警署派人要求村長領回醫

治未果，二十五日傷重身死，屍身由村長領同安葬。
蓋平縣長向日警署交涉，要求懲兇撫卹，並保證以
後不得有越界捕人等事，一面呈請營口交涉員嚴重交
涉，迄未結案。

（十八）日警闖入遼寧郵局刺傷郵差案

　　（民國十八年六月十五日）十八年六月十五日夜十
時半，有日警日隈一名，乘人力車由遼寧郵務管理局北
面鐵柵欄門闖入，穿過局院，直到南門，見門已閉，不
得通過，遂大聲喊令開門。此時門房有值班信差李萬
林並郵務佐甄占魁聞聲走出，向其婉言勸說此門已鎖，
最好仍由北門出去。該日警蠻橫異常，李、甄二人伴送
行至東樓宿舍門首，該日警忽掣佩刀亂砍，當將李差頭
部砍傷，血流如注。該差不顧創痛，竭力將日警抱住不
放。甄見有性命之險，乃冒險上前將日警兇刀奪去，跑
至就近分所報告，由分局派人將日警攜去。一面由郵局
將被傷信差送醫院診治。此案經遼寧交涉署提向當地日
總領事交涉，尚未得結果。

（十九）日聯隊在長春演習踐毀民田案

　　（民國十八年八月）日本駐長春聯隊時作野外演
習，置農民生產於不顧。十八年八月間將二道溝李思恭
田園九畝稻毀，經前長春交涉署派員會同日領及日軍聯
隊查勘，估計損失為日金一百二十元。其他如黃瓜溝林
香臣等十六戶田園六晌，大田地十晌，恒裕鄉寧榮軒等
四戶園地十二晌，稗子溝李恭一戶高粱地七畝，太平村

任鳳書等三十餘戶園地百五十餘晌，損失數萬元，迭函日領請其會同查勘並要求賠負損失、日領延不答復。至本年一月間日領函送金票二十元，稱李思恭田禾損害一百二十元，未免過鉅，現在日軍聯隊已與被害人李思恭直接洽商，以金票二十元作為了事，請轉給。並稱寧榮軒並無何等損害之事實等語。該交涉員以李思恭所受損失，於查勘時早經確定，決非日金二十元可以了結，詢之李思恭，始悉日領所稱與日聯隊商洽各節，全非事實。蓋日領因李思恭一戶，業經會同查勘，無可抵賴，始以日金二十元捏詞搪塞，其他各戶損失則因事隔年餘，痕蹟消滅，即以並無何等損害之事實為詞，當即駁覆，日領迄未答復。

（二十）遼寧日警打傷信差何友三案

（民國十八年八月廿三日）遼寧郵局信差何友三於十八年八月廿三日在南滿鐵路附屬地內投遞郵件時，突有日警強挾至隅田町日本警所，翻檢信兜，將信件拋擲地下，扣留醒世報三份，並將該信差何友三踢打。郵務長驗明手指脛部均確有傷痕，當即分別往晤日領內田、日警署長乾武口頭交涉，要求懲辦肇事警察，該日領暨該署長雖均表示遺憾，即予調查。但旋准日本總領事復稱，警署所得報告與信差所述不符，未允照辦。當經遼寧郵務管理局將全案移送遼寧交涉署，繼續辦理，迄今未據該交涉署報告結案。

（二十一）鐵嶺日兵與警察衝突擅捕保安隊凌辱案

（民國十八年九月）十八年九月三十日鐵嶺縣日軍與該縣保安隊兵因口角細故發生衝突，日軍即退回，集合隊兵百餘人，將保安大隊部包圍，大街兩旁滿佈陣勢，保安隊緊閉大門，適交涉局長、縣政府科長會同日警署長趕到查勘，日領及日軍聯隊長等亦到。正磋商間，交涉局長往尋公安局長負責維持，日兵竟乘間將大門撬開，闖入部隊將兵繳械，並令其同拘得之附近商民排跪平地，百般凌辱，臨行綁去官兵三十餘名，槍枝子彈多件，將附近楊雨奇等數家器具搗毀，衣飾擄去。被綁之兵備受拷掠。迭經交涉始陸續將兵槍交回。經交涉局根據縣政府所擬條件七項，向日方交涉懲兇、賠償、道歉、保障及以後日軍非經通知我方許可，不得持械擅入內地等事，迄未得圓滿解決。

（二十二）福州日商籍民永租屋地稅契案

（民國十八年十月）日商及臺灣籍民在福州行屋地址，僅向日本領事署登記，並不遵照正式手續將契據送請中國官廳查明印稅。其中以臺灣籍民居十之八九，往往因此發生爭執產權之糾紛，前福建交涉公署於十八年十月、十二月間，先後函請駐福州日領轉飭日僑遵照歷來辦法，將契據送請中國官廳查明印稅，並聲明如不依照辦理，將來發生爭執，中國官廳未便承認。惟日僑迄不照辦，二十年二月我方提向日使交涉，彼以此項辦法日政府從未承認，不應對日僑強制執行，我方查得英貨

及其他各國僑商在福州通商口岸及教會在內地所有永租
屋地，自來一律將契據送請中國官廳查明印稅，發還給
執，歷辦無異，日商方面臺灣銀行、日本居留民會及博
愛醫院等三家，亦已遵照前項手續辦理，則日使所稱該
項辦法從未承認一節顯非事實，復於同年五月間函請日
使轉飭遵照辦理，迄未准復。

（二十三）瀋陽農民被日軍擊斃案

（民國十八年十月十七日）十八年十月十七日瀋陽
農民經過南滿鐵路側，為日本守備隊開槍擊斃，經當地
官廳查明抗議，日守備隊以為在守衛範圍內，得行使守
衛權，不負責任為詞，經福建農民協會呈奉中央轉行外
交部電請遼寧省政府切實交涉，迄未就範。

（二十四）延吉日警包圍細鱗河保衛團分所誘
捕教員案

（民國十九年一月十三日）十九年一月十三日下午
四時，頭道溝日領分館警部補竹田伯次突率武裝日警
二十一名，包圍細鱗河保衛分所，聲稱找十一校墾民韓
興立有事（學校與分所同在一院）。該校校長與隊附正
在屋內與之交涉，而屋外日警竟將韓教員誘出帶走。經
頭道溝商埠分局向該日領分館交涉，稱係奉總領事命令
逮捕，業已解往龍井村，即由特派吉林交涉員與日總領
事交涉釋放，要求懲處道歉保障等條件，並由外交部函
請日使轉飭照辦。旋准日使復稱，此事已經延吉市政籌
備處長與日本總領事接洽，業已圓滿解決等語。但據外

交部令據吉林交涉員查復，該韓興立並未回校，復經據
催日使迅予轉飭辦理去後，迄未得復。

（二十五）日輪東豫丸私運軍火案

　　（民國十九年二月二十三日）十九年二月二十三
日，日輪東豫丸密運軍火來華，計槍彈子藥一〇五箱，
被石島海關查獲，會同當地警軍將日人福田、藤吉等及
軍火一併扣留，駐煙臺日領要求日人由領署看管。三月
八日日領親自帶去，聲明負責交回，並保證東豫丸不令
離開本港。翌日日軍艦桑號即帶領東豫丸出口而去，經
向日領交涉，據復該船因起卸軍火，船身受損，故令其
開往大連修理，業經我方據函日本公使，請其轉飭駐煙
臺日領將東豫丸及船員交回法辦。復稱當時東豫丸出口
赴大連修理時，適值日艦因陸軍紀念駛回旅順之必要，
係同時出口之誤會，並謂本案人犯已由煙臺、青島關東
廳方面蒐集證據嚴正審理等語。

（二十六）延吉日警逮捕農會副會長金仁三案

　　（民國十九年四月）延吉尚義鄉鄉農會副會長金仁
三被日警捕去，送入日本領事館，時在十九年四月三十
日。先是四月十三日日警在龍井村逮捕學生等二十餘
名，十四日在頭道溝捕去甲長李世元一名，並在小五道
溝捕去墾民、學校教員、學生及金甲長等五十餘名，及
北溝墾民楊太喜等二十餘名，迭經延吉市政籌備處、龍
井村商埠局先後向日方抗議交涉，日方輒強詞奪理不允
照辦。延吉市政籌備處乃函由吉林特派交涉員呈准外交

部向日使抗議，要求轉飭當地日領迅予一律釋放，迄今
未准照復。

（二十七）韓籍私販搗毀安東關卡案

　　（民國十九年五月十七日）十九年五月十六日，
安東海關緝獲韓籍私販，大批私貨約值海關金單位
九千七百元之鉅。該私販等尋仇報復，於十七日兩度渡
江搗毀分卡，日本警察署近在咫尺，竟不加制止。稅務
司向日領抗議，並請其派警守備並保護關員，而日領亦
置不理。經外交部照會日使要求緝獲肇事韓人歸案法
辦，對海關查緝私貨並須協同取締。據復取締私販當盡
力協助，犯罪者亦經各處徒刑等語。十月五日該關稽查
員偕同巡緝隊員，身著制服在埠頭執行職務時，日警阻
止前進，並將巡緝員之木棒奪去。經該關稅務司與日領
交涉，日領謂關吏攜帶木棒為職權外之行動，我方以
巡緝員為執行職務攜自衛木棒，不能視為職權外之行
動，照請日使轉飭日領不得干涉，此事尚未解決。十月
二十八日安東關江橋出口分卡復有日人三名拒絕關員檢
查，另一韓人將該關第十一號巡緝員無端毆打，三日人
中名野澤者突出短刃刺傷第十二號巡緝員右臂，並將所
持短刃遞交韓籍暴徒偕同逃走，當時江橋日警袖手旁
觀，迨關員等將兩兇徒追獲，日警又將韓犯截留釋放。
其十二號巡緝員受傷甚重，頗有生命之虞。稅務司提出
抗議，日領意存袒護，反要求解除巡緝員武裝，我方復
於十二月十八日照會日使，要求懲兇、賠償、緝犯，並
予釋放韓犯之日警以處分，均不答復。

（二十八）日守備隊在南滿鐵路旁槍殺賣菜農民甯寶臣案

（民國十九年六月二日）十九年六月二日，日本守備隊在南滿鐵路旁距長春驛南二千米突之通行口，遇見行人即以槍擊，農民甯寶臣赴市賣菜，經過其間，被日兵擊斃。經長春縣長查明詳情，呈請籌備市政處長向日領交涉，並提出撫卹、懲凶等項。日領復以滿鐵沿線電話線時有盜竊，此次日兵在附近警戒，該甯寶臣有盜竊行為，致遭槍擊。當即駁復日方該甯寶臣係善良農民，並當時屍旁留有菜筐、扁擔等物證，何得指良為盜，應仍查照前提要求辦理，迄未答復。

（二十九）日警強提安東關查獲私運軍火案

（民國十九年六月三日）十九年六月三日，安東關緝獲手槍六十九支、子彈七千粒、彈夾一百三十八件，旋有日本警察擅將此項緝獲品提去，並不填給收據。日領且強指係日方首先緝獲，應由日方處置，實屬違反民國十年安東關與日領對於在車站緝獲禁品處置問題協定辦法。經外交部向駐華日本代辦交涉，十月六日准該代辦復稱，此案偷運人現在大阪裁判所審理中，一俟判決確定後，當飭駐安東本國領事交還該項緝獲品於當地稅關等因。現在事隔年餘，是否判決，未據日方通知。

（三十）龍井村陸軍連附抓賭被日警毆辱案

（民國十九年七月二十八日）十九年七月二十八日延吉縣龍井村駐防陸軍第十三旅七團一營，因有鮮人成

夥，在本城築山坡聚賭，當以地方治安關係，遣派連附張鳳全帶兵四名前去抓拿，遂將賭犯抓獲三名，餘皆逃竄。不意行經大通路日警派出所門前，突出日警多名，將賭犯截奪，復將張連附抓住拳棒交加，營長前去質問，日方一味搪塞。當場驗悉該連附制服撕毀，遍體鱗傷，當將該連附送院醫治，由院具被傷診斷書，由延吉市政籌備處長向日領嚴重交涉，兩次照會提出道歉、懲辦、賠償、撤警各條件，日領口頭答覆，諉為誤會，復經談判多次，允副領事代表至延吉鎮守使署道歉，賠償軍衣、醫藥、慰問各費日洋五十元，並懲辦日警暨嚴徵將來，但要求停止正式照會，現尚未結。

（三十一）福州日領館擅拆煙館封條案

（民國十九年八月及二十年三月）福州市高節里五號意發洋行煙館，前經駐福州日領聲明，與籍民無關，十九年八月十五日該煙館經官廳破獲，移送法院訊辦，並將房屋標封，日領忽又聲稱，意發洋行雖經聲明與籍民無關，但嗣據籍民侯意呈請在該屋內營業海產時，領事館曾許可之，要求啟封，准該侯意暫住一個半月。正在接洽之間，日領突於十月二十三日派員將該屋印封拆毀，籍民侯意又將零星雜貨重行在該館陳列，又二十年三月駐福州日領又將奉令標封之后田二衕二號煙屋封條私自拆除，加貼福州日本帝國總領事館封，該煙屋亦係籍民林羅古所有，我方根據事實，先後備文向駐華日使交涉，迄今不見復。

（三十二）龍井村中日軍警衝突案

（民國十九年十月六日）十九年十月六日晚九時前後，延吉龍村埠正在戒嚴期內，有武裝者十餘人行進新安街陸軍哨所，經向詰詢，遽開槍射擊，哨兵還擊，事後查悉，斃二人，傷一人，均為日警。日本藉此調派多數武裝警自由入境，即經我方函請駐華日本代辦迅電日本政府飭將到龍日警立即悉數撤回，一面電東北政務委員會調查真相，並就近與日本領事洽商解決。十一月廿日准東北政務委員會電稱，此案業經延吉市政籌備處長與日本總領事交涉解決，其解決辦法：（一）處長至總領事館表示惋惜。（二）處罰責任者及行為者，擇一口頭通知。（三）弔慰金日幣一萬元，醫藥費二百元，弔慰金於一星期內照付。現該案是否已結，尚未據地方報告。

（三十三）日軍壓迫安東市電燈廠案

（民國二十年四月二十八日）二十年四月二十八日，安東市電燈廠派工至八道溝鐵路之北，換立木桿，正在施工之際，日人護路警瞥見，忽調來守備隊數十名，將工人看守，並將施工繩索取出。該廠廠長聞信，趕即偕同縣政府秘書前往理論，加以解釋，是時續到之守備隊，已達五、六百人，荷槍實彈，百般威嚇，勒令縣政府秘書當場立據道歉，其守備隊長蠻橫尤甚，迨其暴行盡興，始將工人放回。

（三十四）日艦芙蓉等駛入內河案

（民國二十年五月十八日）二十年五月十八日下午三時，有日本巡洋艦芙蓉號，由灌河口經雙港直駛進嚮水口，沿途攝影。停泊約十餘分鐘，嗣因觀者眾多，該艦遂將所懸日旗收下，啟碇出口。外交部根據江蘇省政府及財政部來咨，於六月廿日照會駐華日代辦，以日艦事前未得我政府許可，擅行駛入中國內河，且復沿途攝影，實屬違背國際慣例，蔑視中國主權，嚴飭日艦嗣後勿再擅行駛入中國內部。據日方七月九日復稱日艦芙蓉號雖有曾內河口駛嚮水口沿途攝影情事，但係依照向來一般和平所為者而為之，並非有任何之敵意，且其攝影係在要塞地帶以外，不過前往觀光，並無違背國際慣例，或侵害主權等語。我方再於七月二十一日照會日方，謂外艦未經知照本國政府不得逕行駛入，此乃國際慣例，為各國所公認，仍請嚴飭日艦遵照。乃日方八月十八日復稱外艦在條約上可以駛入中國無論任何之港口，徵諸歷來之慣例，對於上述之原則，亦無任何疑問之餘地等情。我方又准湖南省政府電稱有日砲艦鳥羽號駛赴湘潭之事，於九月五日併案照會日方抗議外艦在條約上以駛入中國無論任何之港口一節，按諸早已滿期之中日商約，亦並無此規定。日方於九月十六日復併外艦在條約上可以駛入中國任何之港口，日艦根據最惠國條款可以均霑，徵諸中日兩國關於維持中日通商條約及條約關係，現狀之諒解，並無疑問云云。

（三十五）日軍強佔臨榆農田為靶場案

（民國二十年六月）河北臨榆縣人民王子良、遲程九、趙景緒、初成名等四人，有坐落該縣第一區十六鄉塗家莊北地畝，距日本守備隊營盤約二里有奇，該守備隊並不通知王子良等及其佃戶，強行將田苗剷除，佔作打靶場，且在兩旁挖掘長約四百弓，寬約五十弓之壕溝為界。經王等與其佃戶及塗家莊閭鄰長等向其理論，該守備隊竟蠻不講理，依然霸佔。二十年六月王等呈控到外交部。

（三十六）第二次朝鮮暴動案

（民國二十年七月）二十年七月二日，日鮮報紙藉萬寶山事件，發行號外，捏造事實，激惹朝鮮人群起仇華暴動。仁川、京城、平壤、鎮南浦、元山、新義州等處，慘殺華僑相繼而起，尤以平壤為烈，蔓及全鮮之廣，延長旬餘之久，計華僑死亡一百四十三人，失蹤七十二人，傷三百四十三人，直接損失約日金三百萬元，間接損失無算。當時經駐朝鮮總領事交涉保護取締，彼方一味支吾，事後亦不認真戒備，有意疏縱，案證俱在。經照會日使抗議，而彼方屢以萬寶山事為詞，推不負責，後經提出道歉、懲兇、死亡及傷害償卹、損失賠償、現在及將來之保障等八款，為解決該案，迄未准復。

（三十七）長春日警藉口保護萬寶山韓農擅入內地案

（民國二十年七月）長春長農公司經理郝永德於本年四月間在萬寶山屯租得荒甸四百餘晌，與入籍韓人種稻，經縣批飭查未准立案（租約訂明如縣政府不准仍作無效）。詎郝即擅引韓人百八十餘名入境，挖掘水道長二十餘里，佔毀民田，直通河岸，截河築壩，附近人民以兩岸數萬畝熟地，勢必毀棄，當集代表請縣政府暨市政籌備處制止。經縣處派警前往彈壓，解散韓人，乃日領已派警六人，到場干涉，嗣經由省府與日領商定撤警，再議撤警後，復由長春雙方當局約定，韓人停工，雙方會查定奪。會查後市政處擬具解決方案提交日領。詎日領對於恢復掘毀農田、停築河壩等項，完全拒絕，復令大幫轉人並派便衣警察五、六十人攜帶機關槍前來強佔民房，聲言保護工作及河壩工事完成，遂有民眾三、四百人於七月一日各持鍬鋤往填水道，乃日警遽向民眾開槍，我警極力彈壓未肇大事，經長春市政處據理抗爭，日方悉悍然不顧。吉林省政府乃電准外交部，於七月二十二日照會日使以萬寶山非墾居地域，韓農不得前往，其與郝永德之租佃契約亦未經呈准立案，地方官廳有維持公安，保護外僑之責，日警何得擅入內地各節，請日使轉飭迅將前派日警撤退，韓農與郝永德所訂之契約當然不能生效，如因承租損失，自應予補償，而華農因挖掘水道等侵毀田地之損失，亦應由該韓農負責，關於兩方補償問題，即由長春雙方當局持平調處。外部此項照會態度公正，原期早日持平解決，藉免糾

紛，詎日使於八月二十六日照復，對於郝永德無權與韓
農訂立契約，韓農更無權佔有萬寶山農田各節，訖未加
以注意，反謂日領派遣武裝日警，援助韓農，非法工作
為必要，而認中國警察依法解散非法開墾萬寶山農田，
挖溝築壩之韓農為貫澈壓迫方針，舉條約法理事實概置
不顧。復經外交部於九月十五日駁復日使，大意一、此
次韓農墾田，挖溝築壩犯及刑事。我警阻止係依法行使
行政權應有之職責，不得謂為壓迫韓農。日本照會謂韓
農與郝租約曾經縣長承認與水路用地之地主，亦成立諒
解，是以四月中著手水路工程，地方官及關係地主從未
干涉等語，並非事實。且韓農與郝之租約，並未經縣府
承認有案，而韓農四月間往孫永清等地內時，即經孫永
清、馬寶山等阻止停工，嗣是停而復興，興而復阻復停
者至於數次，何謂先有諒解。二、日本照會謂韓農舉
動，全係善意，又謂如因水道工程發生水災，韓農預備
賠償等語。查郝永德原租契約未經該縣核准，自始即屬
無效，則不論韓農之承租是否善意，韓農與郝永德間之
契約自不能產生任何權利，即韓農之墾田挖溝築壩等行
動，均屬非法。況其挖溝正在其與韓租約荒地之外，更
屬非法舉動。韓農亦自知非法，故預備賠償損失，殊難
免刑事上之責任。三、依圖們江界約，韓民僅得在圖們
江北延吉和龍汪清特定區域內墾地居住，假定本案韓農
承租之地，在該區域範圍以內，亦必以契約之無效，不
能取得任何權利。矧本案在條約區域之外，其所訂契約
又屬無效乎？至日方照會提及民國四年中日條約問題，
查該項問題在上述論斷之下，對於本案原屬枝節，況民

國十二年三月間曾向日方正式聲明。四、總之中國官廳
依法取締不依法而欲取得權利者，毫無壓迫韓農之意。
茲按照上述理由，韓農不能在萬寶山墾居佔有農田，應
請轉飭該韓農等速即退出，該地韓農與郝永德間因契約
無效，而發生之法律關係自應設法處理，華農損失仍應
由韓農及早補償，以資解決。外部是項第二次照會發出
後，日方迄未照復。

（三十八）圖們江日軍演習案

　　（民國二十年八月）二十年八月間，東北政府委員
會電稱，據朝鮮會寧工兵隊自是月四日起預定三星期在
城川江岸演習，架橋行軍，圖們江日岸城川開到日兵
二百餘名。八日中國江岸已見日軍用船，城川日兵增舟
四百餘，搭帳棚八座，並從會寧駛下風船三十隻，載日
兵百餘，前赴城川。迄十一日日兵三十四名，侵入我國
江岸，埋設木樁二根，並插紅綠小旗，以備架橋及測量
用，經琿春縣長一再向該處日領當面抗議，轉知中止架
橋，日領雖允照轉，但言演習定準方式，恐難中止。查
圖們江係中日兩國共管河流，日軍在該流域內演習架
橋，實屬違反國際公法，侵害中國主權。經我方於十四
日照會日使，請予制止，以後不得再有此種舉動。詎
十五日午後一時日工兵六、七名在江心放水雷二十五
響，四時餘工兵三十名乘小火輪兩隻在江心游行，九時
許日守備隊三十餘名帶機關槍兩架過我江岸演習，放響
三次，我方仍查照十四日照會所舉理由，於二十六日二
次照會日使嚴予制止，均未准復。又據東北邊防軍司令

公署報稱，十七日上午日本第十九師團長森壽來琿，至
午後六時始去，是日下午四時日工兵將浮游橋腳用鐵船
運走七隻，十八日又運去十二隻，並有汽船一隻，駛往
上游，十九日午前三時又將該橋腳運回慶源渡，並有日
兵二百餘名在該處向我岸架橋，約固定橋腳五孔，又浮
橋腳三十五孔，至九時完成，當用步兵百餘名由東岸往
復通過二次。又十八日下午十時在我界江東沿夾信子地
方，有日兵五名，架探燈一架，江之東西兩岸各有日兵
百餘名，各帶機槍兩架，作對時演習，西沿日兵乘船搶
渡，東沿日兵作抵抗，不容渡河，互相射擊，至十九日
午後三時停止，完全撤收渡過西岸。是日十二時將前所
架之浮橋撤收，僱車百餘輛將所有在圖們江演習用之
一切材料，完全運走，此項演習，已於二十日完竣，
二十一日該地始無日軍蹤跡。（錄自民國二十年國聞
週報第八卷第四十九期、第五十期；民國二十一年第
九卷第二期）

第三節　對日方宣傳中國違約各案之答覆

建設委員會致外交部函

民國廿年十一月

逕復者，准貴部寒代電以日軍藉口我國不遵條約，在報章宣傳我違約五十三條，恐其淆亂國際聽聞，請將有關主管者迅予研究駁斥，擬具簡略答案見復等由，並附送該項宣傳印件到會。准此，當經本會詳加研究，依據中國法令擬具簡略答案二條，相應繕錄送上，即希查照辦理，以斥謬妄。而明真相。惟暴日宣傳是否根據中日條約，敝會無從懸揣，併請貴部自行查明為荷。此致外交部。

委員長　張人傑

附抄送簡略答案一條。

一　鐵路案

（一）並行線問題：日本所謂並行線，係藉口於一九〇五年中日會議東三省事宜條約附約外之會議節錄所載：「中國政府為維持東省鐵路利益起見，於未收回該路之前，允於該路附近不築並行幹路及有損於該路利益之枝路。」此項記載，係當時日本之一種願望，存記於該會議錄中，自無條約上之效力。況

1、「並行」與「附近」為連帶之語辭，打通線距南滿線百英里以上，實與原記載：「允於該路附近不築並行幹線」一語毫不相連。即日本主張公道之著名法學家，亦多宣定打通線與南滿路並非並行。

2、　據統計證明，南滿線並不因打通線之開通而減收。至近來該路之減收，像受金貴影響，自不得諉過於打通線，而指該路損及南滿路利益。

3、　西安要線與南滿線方向不同，相距尤遠，並不損及南滿路利益，更不得謂為並行。

4、　中國以自己款項，在自己領土內修築鐵路，促進本省之經濟發展，推行開放門戶政策，自不容日方曲解原文，希圖獨占。該項會議節錄中日原文具在，可覆按也。

　　（二）吉敦線及洮昂線工事費問題。日方謂中國對吉敦、洮昂兩路工事費拒絕同意。查吉敦路之工事費，因報價種種浮濫與評價相差至日金五百五十萬元之鉅。洮昂路則於工事費之外，更開列不盡不實之諸掛資日金二百萬元，屢請南滿鐵路會同覆驗，並解答浮濫各費理由。南滿鐵路均置不理，是不能解決之責任，應由滿鐵自負。如吉敦路之浮費及洮昂路諸掛費，日方允為削減，則該兩路工事費問題解決矣。

　　（三）四洮鐵路借款問題。四洮鐵路借款合同，雖訂明中國准滿鐵會社承辦，發售五釐利息金幣借款，數目係日金四千五百萬元。但實際上，此項債券並未發售，另由滿鐵陸續墊款，利率之高達於九厘五與原合同五厘利息不符。並有其他折扣，該路實得之數，甚屬有限。實非該路所能擔負。日方要求訂立該路以利作本借款合同，中國路局方面與之商減利息，日方不允以致未能解決。如日方允減利息，此案即可商結。

　　（四）吉會路問題。一九〇七年一九〇九年條款，

規定吉會路鐵路之建築，應由中國自辦。何時開辦，亦由中國自決。如款項不敷，則向日方籌措。一九一八年訂結吉會鐵路預備合同，訂明該合同未載事項，以津浦鐵路合同為準。翌年會議正式合同時，日方忽要求用日人任運輸，會計兩主任為先決問題，中國以該問題為津浦合同所無，故難同意。日方遂宣告停議。迄一九二五年始訂結吉敦墊款承造合同，該路為吉會路一部分，業已完成通車，至自敦化至會寧之一段，應於何時開辦，自應由中國自決。

（五）滿蒙四路借款問題。一九一八年中國與日本訂定滿蒙四鐵路借款預備合同，日方墊借日金二千萬元。其所定滿蒙四路：

一、自熱河至洮南。

二、自長春至洮南。

三、自吉林經過海龍至開原。

四、自熱洮鐵路之一地點達某海港。

一九二○年拉門德（三國銀行團代表）與日本協定辦法，日本將滿蒙四路中之洮南熱河線及洮熱間至海岸之鐵路，歸入新銀行團鐵路範圍之內。自一九一八年至今已十餘年，未訂正式合同，日方自不能仍根據該預備合同主張效力。

（六）結論。關於鐵道各問題應由鐵道部詳加審核，規定解決辦法，其滿蒙四路及吉會路墊款，應由財政部核辦。

二　條約案

一九〇五年中日條約

（即光緒三十一年中日會議東三省事宜條約）

　　該項正約共三款，日方藉口其第一款所載「中國政府將俄國按照日俄和約第五款及第六款，允讓日本國之一切概行允諾」，以為日本承繼俄人權利在滿鐵用地內，有條約上絕對的排他的行政權。不知中俄東省鐵路公司合同第六條內「一手經理」四字，只能解作鐵路公司在其必須所用之地上有專為鐵路之經理權，斷不能曲解為政治上之行政權。故日本現在滿鐵內設警課稅，毫無法律上之根據。

　　該項附約十二款，其第二款明白規定「如俄國允將護路兵撤退，或中俄兩國另有商訂妥善辦法，日本國政府允即一律照辦」。現中東路俄護路兵早經撤退盡易中國軍隊，而日本南滿鐵路護路隊，則仍在該路駐紮，不惟不照約撤退，反於上年九月十八日利用該項護路隊強佔東三省各地，實屬違約之舉。

　　中日會議上述正約附約時，共有會議節錄二十二號，內散見存記事件十七項，日方發表密約十六條，係影射該項存記事件，改竄字句，顛倒次序而成，並將中國聲明南滿路日本之護路兵隊，雖已載在本約條款，但中國視為尚未完備一項漏去。而彼所謂並行線，係藉口此項會議節錄所載「中國政府，為維持東省鐵路利益起見，於未收回該路之前，允於該路附近不築並行幹線；及有損於該路之枝線」該項記載係當時日本之一種願

望，存記於該會議節錄內，當然不得謂為密約，自無條約上之效力。

一九〇九年中日條約之一

（即宣統元年中日圖們江滿韓定界條款）

該項條約共七款。其第四款載明「圖們江北地方，雜居區域內之墾地居住之韓民，服從中國法權，歸中國地方官管轄裁判。」又「所有應納稅項及一切行政上處分亦與中國民同。」但現駐圖們江北，延吉、和龍、汪清三縣之日本領事，則違約受理各該地韓民之民刑訴訟，並擅設日警侵損中國行政主權。

一九〇九年中日條約之二

（即宣統元年中日東三省交涉五案條款）

該項條約共五款。其第三款兩項載明「中國政府承允上開（撫順煙臺）兩處煤礦開採，煤觔出口外運時，其稅率應按他處煤觔最惠之例徵收。」一九三一年新訂出口稅則所定煤之稅例為每噸關平銀三錢四分，即屬現時之最低稅率，而為各礦煤所一律適用者；則撫順、煙臺報運出洋之煤斤，自須按照新出口稅則規定稅率繳納出口稅，乃日方藉口中日協定撫順、煙臺煤礦細則第二條所載，每噸納稅一錢，而牽涉該細則第十四條辦礦期間仍要求按照一九〇九年礦煤出口稅每噸銀一錢之最低稅例，繳納六十年，殊與上述條約第三款兩項相違。

一九一五年中日條約

（即與所謂二十一條）

該項條約包含關於山東省之條約四條，關於南滿洲及東部內蒙古之條約九條，及關於山東事項換文，關於山東開埠事項換文，關於大租借地南滿、安奉兩鐵路期限之換文，關於東部內蒙古開埠事項之換文，關於南滿洲開礦事項之換文，關於南滿洲東部內蒙古鐵路課稅事項之換文，關於南滿洲聘用顧問事項之換文，關於南滿洲商租解釋之換文，關於南滿洲東部內蒙古接洽警察法令課稅之換文，關於南滿洲東部內蒙古條約第二第五條延期實行之換文，關於漢冶萍事項之換文，關於福建問題之換文，關於交還膠澳之換文，當時中國政府曾發表宣言，中國雖以壓迫而忍受最後通牒中各條件，然因此而侵犯各國條約上之權利，中國不負責任。嗣於巴黎和會，聲明理由，要求廢止該條約及換文。經和會會長復函，充量承認此項問題之重要。至華盛頓會議開會，復經我國代表根據下列理由，在會提出要求取消：（一）無交換利益。（二）侵犯中國與他國所訂條約。（三）此項條約換文與華會通過各原則不能相容。（四）此項條約及換文已屢發生中日間之誤會，當時日本代表聲明將日本在南滿，東蒙建築鐵路，及承辦稅課作抵之借款優先權，南滿聘用政治財政軍事警察顧問教官之優先權完全拋棄並將訂約時原有關於第五項之保留即予撤回。我國代表除承認日本代表拋棄及撤回所保留外，視為未能滿意。仍聲明應將全部放棄，並聲明保留他日相機解決此案之權利，經列席各國代表正式承認我國保留全

案，並經會長在大會正式宣告登入會議錄。一九二三年
三月十日中國外交部照會日本公使，並令駐日本廖代辦
致日外部以同樣之照會，聲明中國政府以本國輿論始終
反對該項中日條約及換文，中國這次在巴黎、華盛頓提
出此案，要求取消，原以民意為根據。茲本國國會議決
對該項條約及換文認為無效，中國政府認為改良中日
關係之時機，業已成熟，特聲明所有一九一五年五月
二十五日締結之中日條約及換文，應即全部廢止。日本
內田外相照復廖代辦，以本約之一部份業已另訂條約
（指魯案協定），或經聲明放棄撤回保留。此外，絕對
無可變更之意。一九二四年三月復令駐日汪公使向日外
部聲明，上年三月日本政府復照對於本國政府之提議，
未能諒解，殊為遺憾。中國政府對於此案看法，始終保
持上年三月十日照會之旨趣，並未變更。日本松井外部
復稱，日本政府對於此案亦仍守上年復文之義趣。

　　總之，一九一五年中日條約及換文，為中國全國國
民所反對，中國政府在華盛頓會議時，復保留相機解決
之權，嗣復繼續要求取消，是該項條約及換文尚非定
局，如取消該約及換文之目的難以達到，似無法提交
公斷。

三　駐兵案

　　日本在東北駐兵，除關東租借地外，據民國二十年
六月之調查，為八萬七千一百二十二名。此項駐兵，毫
無條約根據，實屬侵害中國領土主權獨立與行政之完
整。查一九〇五年日俄朴次茅斯和約附約第一條第二

項。雖有日俄互約，兩國可留置守備兵，保護滿洲各自
之鐵道線一節（守備兵人數每一基羅米復不過十五之
數）。但此係日俄兩國和約，未經中國之允許，且同時
中日會議東三省事宜時，在附約第二款日謂「日本國
政府願副中國期望，如俄國允將護路兵撤退，或中俄兩
國另有商訂妥善辦法，日本國政府允即一律照辦。又如
滿洲地方平靜，外國人命產業，中國均能保護周密，日
本國亦可與俄國將護路兵同時撤退」云云。迨歐戰發
生，俄國駐中東路軍隊，業已逐漸撤去。至一九一八年
所有北滿鐵路守備權，我國已完全收回。中東路即由中
國負護路責任，歷來對於外國人命產業保護周至，從無
損害。是依照中日會議東三省事宜之約文，日兵早應隨
俄軍而撤退，絕無逗留之餘地，極為明顯。且安奉沿線
之駐兵，更毫無條約根據，尤屬非法。乃日本竟不顧國
際信義，違反其所允諾之條約，堅不撤退。其蓄意侵
害，不問可知。雖經華盛頓會議中國代表之嚴重抗議，
日本終置不理。去年且變本加厲。將每年瓜代之駐軍改
為常駐師團隱存久據不去之心，以成去年九一八事變，
其處心積慮，蓋匪伊朝夕也。

四　警察案

　　查日本在東北設置之警察，皆隸屬於關東廳警察
局，該局管理警察行政實包括：（一）關東州警察行政
事務。（二）鐵道境界警察行政事務。（三）領事館所
管警察行政事務。除關東州警察行政外，所有鐵道界內
警察行政，及領事館所管警察行政，均屬自由設施，毫

無條約上之根據。自前清宣統元年，中日訂立圖門江界約，駐在延邊商埠各日本領事館即附設日警一、二人。迨民國四年以後，各該日領館竟添設司法警察至二、三十人之多。至民國九年，延邊內地亦駐日警達四百餘名，迭釀事端，經隨時向日本領事交涉撤退，未得要領。民國十二年以來，哈爾濱街市及車站亦發現日警，並設立派出所，迭經該處交涉員交涉，迄未撤退。

青島自交還中國以來，日本領事館亦附設警察六十餘人，身著制服，佩刀往來街市，交涉撤退，亦無要領。

本部以駐華各日領館，擅設日警，蔑視我國行政主權，經照請日使即行撤退，而日方則謂此項日警之派駐，實為充分保護及取締日本僑民。惟為免除中國官民之誤會起見，除必要外，限制著用制服，而於撤退一節並不提及。

五　捐稅案

（1）大連港免重征執照案

大連係屬無稅區域，在中國政府尚未取消存票退稅制度以前，海關對於由中國口岸復運大連之洋貨，向照運往外洋例予以退稅。自一九三一年四月一日實行取消存票退稅制度後，對於由中國口岸運往大連之洋貨，自應一律不再退稅。對於由大連運入國內之洋貨，概應於大連進口時照征進口稅，均屬各海關征稅之通則。乃日本明知大連與通商口岸不同，不能適用免重征執照辦法；即按照大連設關協定，亦並無發給此項執照之聲

明，而迭次要求發給。中國政府為敦睦邦誼起見，曲予變通，於一九三一年九月十一、十二日由財政部特別通融，與日本駐華公使交換函件解決。

（2）撫順煤輪出稅案

撫順、煙臺煤礦原議細則所訂，以每噸關平銀一錢繳納出口稅，係以一九〇九年所訂滿洲案件協約第三條為根據。而該三條丙項，則規定為中國政府對於該兩礦產煤之出口，允按適用於任何其他煤礦產煤出口之最低稅則征稅，是中國政府所允者，僅為該兩礦產煤得按煤之最低出口稅則征稅，甚為明瞭。一九三一年中國政府新訂出口稅則，則該兩礦報運出口之煤斤，自須按照新出口稅則規定稅率，繳納出口稅。乃日本藉口該細則，曾有辦礦期間為六十年之規定，不肯按照新稅率繳納。但中國自關稅實行自主後，已與日本訂有協約。其第一條規定，凡在中日兩國境內關於貨物進出口之稅率存票通過稅船鈔等一切事項，完全由中日兩國彼此國內法令規定之。兩締約國，均應遵守，乃交涉迄今，仍未解決。日本不僅違背協約，抑且侵害中國之關稅自主權。

（3）南滿鐵路用地內徵收消費稅營業稅案

南滿鐵路必需用地之領土主權，仍屬於中國政府，自不待言。裁厘後，遼寧省政府依據法令舉辦合法新稅，如消費、營業等稅，凡屬中國主權所及之地，自應一律施行。而尊重中國主權之國家，如英、美、德、法等國商人；均已遵奉繳納，惟日人不惟不繳，反在南滿鐵路用地內征收中外商人之稅，實屬反客為主之違約行為。

（4）振興公司之鐵捐案

按照一九一七年農商部所頒，征收鐵捐辦法及礦業法施行細則，該公司應繳鐵捐四成，從未繳納。現在積欠已達三百餘萬元。

六　抵制日貨案

自萬寶山事件發生後，日本方面既於朝鮮排斥華僑，慘害華僑多命。復於九月十八日無端攻占瀋陽，中國人民之憤激達於極點，然以政府對於全國施以一種嚴格之紀律，迭次命令布告，使不軼出法律範圍。故其憤激僅限於不購買日本貨物，此實為全世界所驚異。中國政府對於此種選擇個人所購物品之自由當然不能加以干涉。此要由於日本政府多數不友誼之行為釀成對於日貨厭惡之心理，使對於此事果有責任，其責任應完全由日本負之。欲求此事之解決，當先求消除致此之原因，即日方如從速改善歷來之侵略行為，則中國之民憤自息，抵貨運動亦不禁自止。

七　電器電訊事業案

日本對於我東北電報電話等之違法侵略，完全為陸線問題。茲列舉其大略於次：

一、敷設電臺電局：日本擅在南滿鐵路借用地內及中國地內違約敷設電話局十一所，電報局三十二所，無線電臺二十二處。

二、敷設電線：日本屢次藉口軍事於延吉、琿春、龍井村各處，強設軍用電線。其後輒藉故遷延，

抗不交還。

三、擴張營業：日本利用鐵路用地內之電話線擅在瀋陽、長春各內地擴張營業。其在瀋陽城內者，有六百餘號之多，南滿鐵路電局則任意收發商電，其在營口設立之電話局約定交還亦不履行。

四、電氣事業競爭之不合法：北滿電汽株式會社於哈爾濱電業公司成立後，不依法取消其營業。安東南滿電氣會社反認安東市立電燈廠與之競爭營業，該市廠工人在八道溝施工時，日軍警包圍阻止。

九一八事變以後，日本首先佔領我國通信機關，所有東北各種電報電話局均被日方強行佔領。

至中日雙方會議之大東大北水線問題，其經過情形，其之管理機關有卷可查。

八　森林案

松花、牡丹及圖們江一帶木材最富，日人投資與華人合辦開採，其由日人組織之公司會社不下二十餘處。現在東北森林事業，幾完全為日人所操縱，馴致滿鐵會社每年購買枕木漫無限制。其所購之枕木均准免稅，使我國受重大之損失，且吉林華商採木所課之稅，往往日方亦認為違背條約，提出反對。黑龍江中日札免林業採木公司改組新公司時，日方因清理期內仍可大取木材牟利，故有意妨礙新公司之成立，並將協定林區折價作股事，故意貶價，使我方受損失。鴨綠江木植公司，名義上雖為中日合辦，實際上日人獨攬。自公司成立後，鴨綠江上流之森林，即全歸日人之掌握。

九　礦產案

　　遼寧土質肥沃，礦業之富，為全國之冠。日人乘我尚未能積極開發，或公然強採，或私擅竊採，或勾結無賴華人影射報採。其顯著者，大約如次：

　　（1）竊佔礦區：（a）撫順千金寨礦區經雙方派員勘明界限，以千金嶺上之分水地方為界限，乃日方購民地千餘畝私自展界，所採煤質約在二百萬噸以上。（b）遼陽煙臺礦區日方竟將中國商人張潤身之礦區佔為已有，設立標樁，私自開展。（c）復州灣粘土礦區內藏鉀鎂成分甚豐，定為官督商辦。乃日商粘土株式會社與周文富私自訂立售賣粘土覺書，並派守備隊壓迫，強行開採。

　　（2）竊採礦質：（一）青城子地方銅礦，原由華商劉鼎忱與日商森峯一合資開採，乃自森峯一之弟森峯之助經理，復在原領區域以外，發現鉛銀礦質。該日商擅採四、五年之久，獲利一、二百萬元之多，又私運出至朝鮮鎮南浦各地。（二）海城窖子峪滑石礦，被日人伊藤僱用中國無賴潘福緣，劉振亞等，私招工人開採，竊採石價約在七、八萬元，雖經中國官廳依法懲辦，依藤竟力為庇護。

　　（3）私訂契約竊採礦質：本溪縣後石溝地方石灰石礦，由地面業主私與日商訂立契約，未經呈請主管官廳核准，即行開採。

　　（4）違反契約擅自私採：滿鐵既稱繼續中東路路權，所用鐵道附近石材等，自應依據中東路建設營業契約之規定辦理，乃滿鐵開採青陽堡、得利寺等處石礦，

並不給地主租金，又不轉咨核准。撫順煤礦其契約內載明，以採煤礦為限，乃滿鐵竟將煤田上層油頁岩礦擅自開採。

（5）抗納礦稅：遼陽海城交界之鞍山及遼陽界內大小孤山等六處鐵礦，由中日商人合資開探，定名振興鐵礦公司，所有該公司自民國六年至二十年五月積欠礦稅三百餘萬元，均抗不繳納。

十　漁業案

自十八年起，山東、浙江、江蘇、廣東沿海一帶，時有日漁輪侵入中國領海，自由捕魚，對於中國漁船奪帆破網，任意蹂躪。煙臺、吳淞間水線，亦為所毀，並有日艦往來梭巡保護，實屬侵害我國主權。由本部照會日方，請飭漁船速即退出我國領海，而日方答覆堅不承認有此等情事。至日本派艦乃予日漁船以保護，並謂中國如派取締艦船，甚願能與日本方面協力，俾得圓滿解決等語。經本部諮商主管各部統籌辦法後，呈准行政院訓令海關，對於凡未滿百噸之蒸汽船及發動機船在中國港及海外間從事貿易者，自二十年二月一日起，以後一律禁止。又凡自外國港輸入，除由善意商船執有貨單者輸入魚類，自二十年五月一日以後，一律禁止。嗣因日方聲請，將日本漁船列諸禁令以外，我方允飭海關緩期三個月執行禁令，俾資另籌。至六月二十日外交、實業、財政三部會商決議，關於禁止日漁輪以中國海港為根據地事，由外交當局向日本代辦交涉，限期退出。如無結果，即由海關執行禁令。

　　華府會議，我國提議撤銷在華客郵，經一再討論，認為日本在南滿鐵路界內僅有通過權。日代表並無異言，經決議一九二三年一月一日以前，所有英、法、義、日各國在中國各地郵局，除租借地及條約特許者外，一律撤銷。十一年七月間，日使提議派員會商日郵撤銷以及各種協定，八月雙方委員會議於北京，於簽定各項新郵政協定外，另附文件，聲明南滿鐵路區域內日郵問題，將來再由兩國政府另行接洽辦理。嗣後迭經照會日使重提撤銷之議，迄無結果。現在日本在東北之郵局，在安奉沿線者有七所，在滿鐵幹線者有三十二所，其混合組織者兼營電報電信，日人借用地之郵局郵差任意侵入我方城市投送函件，不交中局代送及任意在我未喪失領土權之租借地及鐵道用地內，設立郵局延不撤去，皆日人侵越明證。

十一　赤禍案

　　中國年來，赤匪為禍，固屬有之。然舉國上下，莫不思立即消滅之，以免蔓延，中國政府，亦正努力於是工作。上年以來，政府殆傾全力於撲滅赤匪。赤匪所佔之地，已漸收復。赤匪實力，亦強半消滅。及至圍困於江西，正待聚而殲旃之際，日人忽無端出兵遼寧，侵佔東省，致令我勦赤計劃遂受牽掣。然贛省討赤將士，猶思滅此朝食也。詎本年一月二十八日日人又無端攻擊我上海駐軍，我勦赤軍事至此遂受一絕大打擊，為山九仞，虧於一簣。則中國赤匪之得苟延殘喘者，實日人間接有以助成之。當日軍攻擊上海之時，舉國之人皆以敵

兵壓境，憤慨異常。於是遂撤江西之圍，騰出兵力以援
上海，致勦赤之師，攻敗垂成。且因抗日之軍費及軍
實，均須特別籌備，致影響經濟之情況，而更無餘力，
以籌勦赤之餉糧。總之，勦赤之計劃與進行，雖受日軍
攻滬之重大打擊，致不能刻期成功，而我政府勦赤之決
心，並不因此稍有變更而沮喪。決於最近之將來，在可
能範圍之內，竭全力以奏全功也。

十二　日方所謂反日教育

　　查日方所謂反日教育，或排日教材，果何所指，未
見公文發表。惟大阪每日新聞社，曾有是項記事，略謂
中國中學小學等教科書中，排外記事五百餘起。其中
三百廿餘起係排日記事，就（一）日本之對華積極政
策。（二）日本之中國侵略方法。（三）日本之中國侵
略歷史。（四）日本在中國之勢力。（五）中國國民應
執之對策等，詳細記述；並云國民政府將繼續排日運
動，至日本同意於條約之改正、關東州滿鐵之交還、朝
鮮之獨立、臺灣之交還等云云。既未指出教科書之名
稱，紀事內容，亦未摘錄語句。無從證實，自無指駁之
必要，至該社是項記載，所舉「排日教育之一例」（於
下列各題空白中記入適當之字句）。

一　強奪我國滿蒙者　　也。

二　吉會鐵路者自吉林至　　之鐵路也。

三　欲對抗日本只有執行　　手段。

四　南滿鐵路會社者　　滅亡中國之主要機關也。

五　臺省者原來　　之領土也。

六　俄國前往滿蒙之勢力被打破。

以上六題並未指明出自何項教科書。且不論是否事實，姑就六題之，不論任何一題中記入如何話句，均不能認為有排日之意味。似此強詞奪理，殊不值一噱。至我中國各教科書中累有如日方所稱之排日教材否以及究應如何指駁之處，似應由教育部主辦。

第二章
日本在東北破壞中國行政權
完整之實例

第一節　破壞軍事權的完整

一　非法在鐵路沿線駐紮軍隊

東北外交研究委員會報告

民國廿年十二月一日

　　查一八九六年，中俄東省鐵路公司合同第五款「凡該鐵路及鐵路所用之人，皆由中國政府，設法保護。至於經理鐵路等事，需用華、洋人役，皆准該公司因便雇覓。所有鐵路地段，偷盜詞訟等事，由地方官照約辦理」云云。按此條文規定，中國政府固明白保留警備鐵路，並在鐵路地帶內，有維持法律與秩序之權。按諸條約，日、俄二國在鐵路沿線，設置守備隊，毫無法律之根據。又查一九〇五年日俄朴資勞斯和約第二條，日俄二國彼此約定，除遼東半島、租借地外，所有在滿洲之兵，由兩國同時全數撤退，將現被日俄軍隊占領及管理之滿洲，除租借地外，全部交還中國接收，施行完全專主治理之權云云。惟在附約第一條第二項，日俄互約，兩國可留置守備兵，保護滿洲各自之鐵道線。至守備兵人數，每一基羅米突不過十五之數，但此係日俄兩國私約，未經中國之允諾。豈僅未加允諾，同時中日會議東三省事宜時，中國政府且曾表示極盼日俄兩國，將駐紮東三省軍隊，暨護路兵隊從速撤退，在附約第二款，日本謂：「日本國政府，願副中國期望，如俄國允將護路兵撤退，或中俄兩國另有商訂妥辦法，日本國政府允即一律照辦。又如滿洲地方平靖，外國人命產業，中國均

能保護周密,日本國亦可與俄國將護路兵同時撤退」云
云。是日本當時在鐵路沿線之駐兵,亦自知其無所根
據,惟以戰後 Post Bellum 外國人命產業未盡安全為藉
口。然東三省秩序轉瞬恢復,地方早已平靖,久已非日
俄戰後之情形。即所用為藉口者亦復無之。況自歐戰發
生以後,俄國駐中東線軍隊業已逐漸撤去,至一九一八
年,所有北滿鐵路守備之權,我國完全由俄國手中收
回,俄人在東鐵沿線已無一兵一卒之存留。依約「中俄
兩國另有商訂妥善辦法,日本國政府允即一律照辦」云
云。是日本亦早應隨俄軍而撤退。更就外國人命產業,
中國能否保護周密之點言,中東路護路責任,自由中國
政府負責後,對外國人命產業,從未有所損壞害,且與
南滿鐵路相距密邇之北寧路,素來由中國政府經理保
護,自開車迄今三十餘年,向未發生任何意外(惟至近
今日在日本軍隊佔領區域始常有受外人接濟軍械之匪徒
肇事)。是中國政府對外國人命產業,確能保護周密,
實屬證據顯然,亦無必須日兵護路之理由。凡約文所規
定,日本撤兵之幾個條件,實無一件未曾實現,乃竟不
顧國際信義,直接蹂躪其莊嚴所允諾之條約,居心已不
堪問。且安奉沿線之駐兵,毫無條約根據。更屬無所藉
口,尤為非法之極。其侵害吾國領土主權獨立與行政之
完整實莫此為甚。雖經華盛頓會議,中國代表之嚴重抗
議。日本猶始終強頑不理,且變本加厲,於今春將每年
瓜代之駐軍,改為常駐師團,隱存喧賓奪主久踞不去之
心,以成此次九月十八日佔領遼吉攻我黑省之奇變,其
包藏禍心,蓋照非伊朝夕也。

二　日本在鐵路沿線駐軍之編置及兵力分配

日人在我領土違約非法之駐軍，除關東租借地外，常川駐在東北者，據民國二十年六月之調查八萬七千一百二十二名。其編置約略如左：

甲、駐剳師團：司令部設於遼陽，共八十二個中隊，其
　　兵力之分配如下：

隊　號	駐　地
第二師團司令部	遼陽
步兵第三旅團司令部	遼陽
第四聯隊	遼陽
第廿九聯隊	瀋陽
步兵十五旅團司令部	鐵嶺
第十六聯隊	鐵嶺
第三十聯隊	長春
騎兵第二聯隊	公主嶺
野砲兵第二聯隊	海城
獨立山砲兵第一聯隊	公主嶺
工兵第二大隊	遼陽
輜重兵第二大隊	遼陽
鐵道兵第三大隊	大石橋
甲車第三大隊	瓦房店
飛行第二聯隊	周水子

計全師人數一四、七六〇名，周水子有航空運輸部，計飛機五十二架，人員六百二十名。

乙、獨立守備隊：司令部設於公主嶺，共三十個中隊，
　　其兵力之分配如左：

隊　號	駐　地
第一大隊	
（內附騎兵第一中隊）	公主嶺
第二大隊	
（內附機關槍第二中隊）	瀋陽
第三大隊	
（內附騎砲第三中隊）	大石橋
第四大隊	
（內附迫擊砲第四中隊）	連山關
第五大隊	
（內附甲車第五中隊，	
分二小隊，每隊甲車二輛）	新義州
第六大隊	
（內附飛行隊第六中隊，	
分二小隊，每隊飛機四架）	鞍山

共計兵員五、四〇〇名

丙、憲兵分遣隊：該隊本部設於旅順，統共八個分遣
隊，其第七、第八兩分遣隊，駐蒙熱河北等處者，
計憲兵六二四名，其在遼寧者分配如下：

隊　號	駐　地
第一分遣隊	旅順
第二分遣隊	大連
第三分遣隊	大石橋
第四分遣隊	遼陽
第五分遣隊	瀋陽
第六分遣隊	公主嶺

統共六個分遣隊與分駐於蒙熱河北之二分遣隊，合
計共有憲兵二、五六一名。

丁、特務警察：特務警察隊本部設於大連，該隊兵官因
　　不准穿著制服改名便衣隊，每隊官兵計六十餘名其
　　分配如下：

隊　　號	駐　　地
第一中隊	旅順
第二中隊	連山關
第三中隊	范家屯
第四中隊	長春
第五中隊	開原
第六中隊	撫順
第七中隊	通遼
第八中隊	新民
第九中隊	本溪湖
第十中隊	大連
第十一中隊	營口
第十二中隊	遼陽

　　統計特務警十二中隊，共官兵七二〇名。

戊、在鄉軍人：計算日本在東北之兵力，設不計其在鄉
　　軍人之數目，猶未能窺見日本兵力之實況。蓋日本
　　為徵兵制，在鄉軍人均曾經過軍事訓練，其軍官即
　　以居住遼寧之退伍軍官充之。因日本陸軍倉庫之編
　　設各處，一經武裝，即成軍隊，其組織之嚴密有可
　　驚人者，在鄉軍區之設置於遼寧者共有四個，計分
　　三十六小隊，其軍械被服於臨用時由倉庫撥給之。

總隊部設於周水子，其軍區之區劃如下：

隊　號	駐　地
第一在鄉區	義州
第一區	義州
第二區	四臺子
第三區	連山關
第二在鄉區	普蘭店
第四區	普蘭店
第五區	松樹
第六區	蓋平
第三在鄉區	海城
第七區	海城
第八區	煙臺
第九區	蘇家屯
第四在鄉區	得勝臺
第十區	得勝臺
第十一區	四平街
第十二區	范家屯

共計遼寧之日本在鄉軍人數約六三、〇六一名，若將日本在鄉軍之散在直、魯、蒙、熱者並計，共有官佐士兵九〇、六四六名，東三省占全數十分之六強，約計能編五個師團，就滿鐵沿線論，在一星期即能成立武裝在鄉軍一師團以上，吉、黑、蒙、熱及安奉線，四星期內能成立全武裝在鄉軍三個師團以上。

己、陸軍倉庫：日本在東北設立之陸軍倉庫，掌理駐東北日本陸軍各隊部所需糧秣、被服、工兵器具、衛

生材料、獸醫材料之貯藏購置製造與補充。其使散布中國各部九萬零六百餘名之在鄉軍人，於短期間能全部武裝，編成八、九個師團之兵力者，則陸軍倉庫之配置為之也。其配置之大要如左：

一、槍庫：計大連三所，大石橋一所，遼陽二所，瀋陽一所，鐵嶺二所，公主嶺二所，長春一所，連山關一所，存槍藥三八式五萬零五百枝，三零式三萬枝。

二、炮庫：計大連三所，海城二所，遼陽一所，鐵嶺二所，公主嶺二所，長春一所，存炮為三八式十二生的榴彈炮十二門，三八式七生的五野砲一百四十四門，及山炮六十六門，三八式十生的加農炮六門，三一式七生的五速射山炮二十四門。

三、槍彈庫：計大連、遼陽、瀋陽、鐵嶺、長春各二所，大石橋、海城、公主嶺、連山關、本溪湖、西豐、通化、寬甸、錦州、通遼、鄭家屯、洮南各一所，計存三八式八萬一千七百六十八箱，三〇式八千七百三十箱。

四、炮彈庫：計大連、遼陽、鐵嶺各二所，瓦房店、海城、公主嶺、長春各二所，計存三八式野炮彈六千一百八十一箱，三八式十二生的野炮彈一百六十五箱，三一式炮彈一千八百六十三箱。

五、火藥庫：計大連二所，蘇家屯、公主嶺、雞冠山、石橋子、寬甸、牛莊、趙家屯各一所。

六、糧秣庫：計大連三所，熊岳、大石橋、海城、遼陽、虎石台、昌圖各一所，蘇家屯、開原、四平街各二所，范家屯、橋頭、西豐、朝陽鎮、臨江各一所，桓

仁、錦州、溝幫子、新民、長嶺、新安鎮各一所，通
化、開魯、太平川各二所。

　　七、被服庫：計遼陽、公主嶺各二所，三十里堡、
得利寺、鞍山、瀋陽、鐵嶺、長春、鳳凰城、草沉口、
西豐、通遼、洮南各一所。

　　八、工作器具材料雜具庫：計大連五所，郭家店、
南關嶺、三十里堡、得利寺、安東各二所，瓦房店、熊
岳城、立山雙、廟子、孟家屯、煙臺、蓋平、鞍山、公
主嶺、本溪湖、牛莊、鳳凰城、連山關、石橋子、寬
甸、新民、鄭家屯、長嶺、趙家屯各一所。

　　觀上列日本駐軍與倉庫在吾國領土內分配之形勢，
其實力非常雄厚，可知吾國東三省領土，實無日不在日
本武裝壓迫之下，舉目大地，試問果尚有吾國領土、主
權之存在耶？

三　日本違約非法駐軍所引起之惡果

甲、殘害民命：日軍駐紮吾國領土，其心理上無吾國
　　主權之存在，殆視吾國為被征服國，吾民為被征服
　　民，每因言語不通或簿物細故，槍擊刀刺，罔恤人
　　道，甚或圍攻、劫殺、斬刈草薙，極其殘酷，其事
　　例實不勝臚舉，姑就重大案件粗舉涯略如下，足成
　　一部極慘痛之血史矣。
　　例（一）民國十六年五月二十八日，日守備隊在梨
樹太平溝槍殺農民二名。
　　例（二）民國十六年六月二十五日，日守備隊在四
平街南槍殺農民楊得才。

　　例（三）民國十六年六月十二日，撫順農民佟玉林行至炭坑老車站西，被日守備隊三名拿獲，由日兵山田郎槍殺之。

　　例（四）民國十六年八月二十日，日守備隊在梨樹縣葫蘆附近，槍殺李文貴。

　　例（五）民國十七年十一月五日，日兵在鳳城張家堡子，槍殺張作雲並捕村民二十三名。

　　例（六）民國十七年十二月，日守備隊慘殺撫順炭礦華工彭鳳山、傅明九。

　　例（七）民國十六年七月二十七日，安東縣修築江堤，華工行經鐵路，被日守備隊射殺三名，經地方與外部嚴重抗議之結果，每名僅給恤金百元了事。

　　例（八）民國十六年八月，中日合辦本溪煤鐵公司華工，以請增薪資罷工，與日人小有衝突，日方拒我警甲彈壓，調日守備軍刺死華工四名，刺傷三十七名，逮捕一百七十名，迭經交涉草草了事。

　　例（九）民國十七年六月四日，張作霖、吳俊陞由平乘北寧路車返瀋，行經皇姑屯南滿路交軌點之老道口南滿鐵橋下，被日軍工兵安裝炸彈炸斃，事後日議員田渕豐吉察明，謂殺張作霖為田中義一之主使。又當日議員在國會質問時，田中答覆謂為日本帝國之利益，希望議員勿再提及此事云云，不啻自承其主使。蓋此巨大之炸彈須用電流引火，其工作非六小時不辦，亦非有是項工程訓練者不辦，當時沿路戒備甚嚴，惟滿鐵附近二十二碼內，日人不准我國路警入內，而炸彈即置於南滿鋼橋之北面石柱上，尤足證其正在工作陰謀。且與張

氏同車之日顧問町野，無故先在山海關下車，蛛絲馬
跡，顯然可見，此事彰彰在世人耳目，迄今仍為懸案。

　　例（十）民國十八年四月六日，日守備隊在撫順炭
坑用地，槍殺華工張法義。

　　例（十一）民國十八年八月六日，日守備隊四名，
擅入昌圖恆溝屯，捕農民張德山，詢問匪踪，將張非刑
毒打幾斃，由交涉署抗議，迄無結果。

　　例（十二）民國十八年七月二十九日，駐公主嶺日
守備隊與住十家子分隊奧山、大場、握原等三名，在楊
木林子槍殺農民一人。

　　例（十三）民國十八年十月十七日，日守備隊在瀋
垣小北邊門外柳條湖殺農民一人。

　　例（十四）民國十九年二月二十七日，日守備隊在
鳳城南老爺村殺行路民一人。

　　例（十五）民國十九年三月十一日，日本守備隊在
開原縣孫家臺站北槍殺農民一人。

　　例（十六）民國十九年五月，省會六分局紡紗廠尚
有華人一名，為日守備隊用繩勒斃。

　　例（十七）民國十九年五月五日，日守備隊在瀋北
瓦子窰附近槍殺農民一人。

　　例（十八）民國十九年六月二日，日兵在長鄉十區
槍殺農民一人。

　　例（十九）民國十九年六月十五日，日守備隊在瀋
南十里河刀刺旅客李良海斃命。

　　例（二十）民國十九年十月三十日，鳳城農民劉
德才行經安東路橋洞下，被日兵槍殺，迭經交涉迄無

結果。

例（二十一）民國十九年十月二十四日，本溪下馬塘村民張奎作，木工作為業，行過安東路線橫道，日守備隊突用刀刺傷，帶至車站，乘車行至連山關行驛南，推之下車，當時被軋死，迭經交涉迄無解決。

例（二十二）民國二十年四月二十九日，在公主嶺河北日人住地界內西道口，有一中年華人，無故被日守備隊擄去，用匪刑拷打斃命，事後更焚化其身。

乙、圍攻官署凌辱官吏：日軍駐紮吾國領土，恃強橫行，蹂躪法紀，藐視主權，無所不至，其最重要而屢屢發生者，則為每因細故而圍攻我官署，辱我官吏，劫掠警察軍械各案，舉其例如下：

例（一）民國十八年八月九日，日守備隊兵一名，攜軍刀闖入鳳城縣街娼寮滋事，由警察排解了事，次日突來日兵六十名，包圍縣署，卒迫縣長道歉而去。

例（二）民國十八年九月十三日，長春公安局突被日軍三百人包圍，擄去局員、團丁二十二名，槍械均被卸去，雖經交涉，將人放回，械彈則未歸還。

例（三）民國十八年九月二十三日，日本憲兵七名，騷擾鐵嶺清樂茶園，我警崔政奇，勸阻不服，並刀傷崔警面部，繼來武裝守備隊五十餘名，擄去園役，又包圍公安第十五大隊隊部，繳槍械焚文卷，毀民房，擄去隊員及商民三百餘，非刑毒打，盧隊長被迫自殺，迭經交涉無結果。

例（四）民國十八年十月五日，遼陽立山公安隊夜擊匪鳴槍，次日突來武裝守備隊十餘，擄去局員警士四

名,並將槍械子彈劫去,經交涉後,僅將人放回,械彈
仍被扣留。

例(五)民國十九年三月二日,瀋陽縣公安局張福
棠、白隊長等,赴本溪歪頭山大廟,跴緝巨匪,持日領
護照兩張,以便通過南滿鐵路,竟被日守備隊阻止,並
將白隊長綁去,以致巨匪遠颺,由縣署交涉始獲釋回。

例(六)民國二十年三月二十九日,省城馬路灣公
安分所,協助十里馬頭分所,在十三經路擊匪,突被日
武裝守備隊四十八名,將分所包圍,兇毆警士,擄去槍
械,幾經交涉,始得釋回。

丙、示威演習騷擾居民蹂躪禾稼:日軍駐紮之區,每
　　年每季輒有演習,蔑視主權、橫行無忌,或舉行野
　　戰,則摧毀禾稼,蹂躪廬墓,或試作巷戰,則出沒
　　閭閻,斷絕交通,槍砲震爍,居民警惶,闖入居
　　室,滋生事端。有時則包圍省垣,故肆凌巇,種種
　　橫暴,數見不鮮,舉其實例數事如下:

例(一)民國十八年八月一日起九月十日止,日軍
三十三聯隊在瀋陽作包圍式之大演習,摧毀禾稼,居民
不安,事前雖經抗議禁止,日軍竟置不理。

例(二)民國十九年三月七日,瀋陽工人吳慶生妻
周氏,行經千代田通砲子墳,被日守備隊姦污,該氏雖
向日警署聲訴,竟無懲罰。

例(三)民國十九年四月二十二日,日守備隊三十
餘名越境,在三橋東成平里作野戰演習,由交涉署抗議
不理。

例(四)民國十九年五月十二日,瀋陽日軍演習火

箭信號，火箭落馮庸大學左側，幾釀火患，由該校長交涉，並派員向日抗議無結果。

例（五）民國十九年五月十四日，日軍在長春頭道溝大演街巷防守戰，居民受擾，商號閉戶，雖經抗議，日仍恃強不理。

例（六）民國二十年二月二日，日守備隊三十三聯隊作包圍藩垣大演習，兵工廠附近，砲聲隆隆，隊伍出沒，槍聲四起，如此者十八日，民情憤怒，雖經抗議，日方仍充作不聞。

例（七）民國二十年八月四日，日工兵三十四名，越境侵入圖們江，在我方江岸埋立木樁，架設行軍橋，舉行演習，我方抗議無效。

例（八）民國二十年八月十八日，日軍百餘名，在皇姑屯順城街舉行街巷大演習，斷絕交通，劍影彈聲，雜以喧呼，市民警惶，我方抗議，亦不置理。

例（九）民國二十年六月八日，長春日軍三旅團四聯隊、陸軍守備隊、憲兵隊、警察等，在境內舉行大演習，毀傷禾稼，居民受擾，我方制止無效，九日始畢事。

丁、拆毀鐵道及種種非法案件：日軍駐紮我國領土，恃其淫威，兇燄甚張，常有種種非法及殘暴行為，舉其數事，以見一斑如下：

例（一）日人榊原正雄，霸租昭陵水田千六百畝，抗不繳租，民國十四年遼寧省府令解除契約，因日領祖護未果。十八年北寧路修築北寧支線，經過其地，六月二十七日，日方乃派武裝軍警八十餘名，分乘汽車八

輛，督率日工九十餘人，將該路拆毀數段，迄經交涉仍為懸案。

例（二）連山關日守備隊第四大隊，因演習強佔黃土坑村地二十八畝。

例（三）民國十九年七月，南滿鐵道事務所越境在遼陽迎水寺，擅築堤壩，由日守備隊，荷槍督工，雖屢抗議，亦無結果。

例（四）民國十九年九月，日本在鐵嶺蓬溝建築兵營，於原地三百畝外，任意侵佔，竟擴張至遼河為界，我方抗議，日僅以存儲兵船為詞，強不理會。

例（五）民國十九年九月八日，日本守備隊闖入鐵嶺城內，公然在廣裕大街埋立標樁，大書「大小丁」，鐵嶺全市民眾，激昂異常，集會公推代表請願，由當局交涉至再，始行撤去。

例（六）民國二十年三月二十四日，遼陽日兵無故拆開新開河堤木樁二十四根，董工員監長繆阻止，日兵蠻不講理，且用刺刀刺傷河巡，迄經交涉，亦無結果。

例（七）民國二十年四月二十八日，安東電燈廠工人在八道溝橋洞，埋設電桿，日守備隊及日警五十餘，竟橫加阻止，將電料搶去，經交涉無結果。

例（八）民國十九年三月十二日，遼陽電話局，派工人郭永春等十人，赴北陵修理路線畢返城，郭持用餘銅線二十磅，被日守備隊三名，劈面毆打，擄去工人及銅線，經交涉，僅將工人放回。

第二節　破壞警察權之完整

一　非法警察機關之自由設置並自由增設

東北外交研究委員會報告

民國廿年十二月一日

　　查關東廳警察局管理警察行政，實包括下列三種：
（一）關東州警察行政事務。（二）鐵道境界警察行政
事務。（三）領事館所管警察行政事務。除關東州警察
行政外，所有鐵道界內警察行政及領事館所管警察行
政，均屬自由設施，毫無條約上之根據（日本所稱鐵道
界內，有絕對排他的行政權，純係曲解條約，理由詳駐
兵條款內。）實係侵害領土主權，破壞行政完整之最大
情形。我國雖嚴重抗議，而日本始終置之不理。

二　非法警察在各地方暴行

東北外交研究委員會報告

民國廿年十二月一日

　　例（一）民國十二年六月十七日午後五時半，日警
殘殺臨江縣栗子溝甲丁于蘭江。

　　例（二）民國十二年十一月十七日午後七時，日警
殘殺莊河縣小崔家屯村民崔永德。

　　例（三）民國十三年一月八日午後三時，日警殘殺
輯安縣甲長隋殿清。

　　例（四）民國十四年一月九日夜十一時，日警五、

六名殘殺輯安縣甲長裕得勝、甲丁劉日忠、李義榮、王子安等。

例（五）民國十四年九月七日午前三時半，撫順縣永安橋派出所，巡查在柳樹林附近殘殺居民。

例（六）民國十五年七月十六日，日警及日兵二十一人，越界在安圖縣境內殘殺華人四名，並綁去三名。

例（七）民國十六年四月十一日，遼陽日警殘殺居民劉裕亮。

例（八）民國十八年一月，日警包圍本溪縣公安局並縣政府。

例（九）民國十八年九月十二日，日警阻止我高級軍官自由通行。

例（十）民國十八年九月十五日，日警以警衛大田關東廳長官為名，竟在瀋陽省城內外擅設崗位。

例（十一）民國十八年十月廿日，日警擅捕龍井村民聲日報記者蔡俊陶。

例（十二）民國十五年十月五日，日警無故凌我國警察。

例（十三）民國十九年二月廿五日，蓋平太平山村日警擅捕顧洪祥，並非法刑訊。

例（十四）民國十九年七月廿日，龍井村日警無故毆辱我軍官。

例（十五）民國二十年四月二十八日，日警在安東因庇護日人所辦之電燈廠，竟公然阻我華商電廠埋設電線，並掠去電料多件。

其他日警蹂躪人權，破壞公安，包庇匪徒種種非法違約之案件，不勝枚舉。

三 日人新聞通信事業不受中國警察權拘束

東北外交研究委員會報告

民國廿年十二月一日

日人在東北經營各種新聞通信事業，及其他出版事業，向不受中國警察權之拘束。此類不受中國警察權限制之新聞或刊物，略舉如左：

計開

名稱	創刊年月	刊行種目
滿洲日報	明治三八・一〇	日刊
大連新聞	大正九・五	同
泰東日報	明治四一・一一	同
滿洲報	大正一一・七	同
マンチュリヤ・デーリー・ニュース	大正一一・七	日刊
日本電報	同九・八	同
日滿通信	同一〇・四	同
帝國通信	同一二・五	同
聯合通信	同一二・一〇	同
協和	同五・一	週刊
遼東タイムス	同一〇・八	同
週刊極東	同一一・一二	同
法律時報	同一三・五	月二

嚮	同四・七	月一
調查時報	同一四・七	月一
新天地	同一〇・一	同
滿蒙	同九・九	同
東北文化	同一一・四	週刊
滿蒙時報	昭和二・一二	月一
滿蒙公論	大正一一・七	同
マンチュリヤ・デリーニュース		
モンスリーサプリメント		
	同一三・一〇	同
關東報	同八・一一	日刊
大陸	大正二・三	月一
社會研究	同一一・六	同
滿洲之水產	昭和二・四	月三
滿洲寫真タイムス	同三・四	月刊
滿洲新聞	明治四〇・一二	日刊
奉天新聞	大正一三・八	同
奉天日日新聞	同一〇・九	同
盛京時報	同一〇・七	同
日本電報	同一四・三	同
奉天電報通信	同一一・六	同
商業通信	同一〇・一二	同
滿洲通信	昭和二・五	同
奉天經濟旬報	大正一三・五	月三
撫順新聞	同一〇・四	日刊
安奉每日新聞	同一五・八	同

四洮新聞	同九・八	同
北滿日報	同九・四	同
長春實業新聞	同九・四	同
安東新聞	明治三九・一〇	同
安東時事新報	昭和三・一	同
奉天每日新聞	昭和四〇・五	同
東方通信	大正一〇・一	同
奉天商況日報	大正一〇・六	日刊
滿洲及日報	同一五・一〇	月刊
新滿洲	同七・七	同
奉天體育界	昭和三・五	週刊
滿蒙事情週報	同三・一一	同
鐵嶺時報	明治四四・七	日刊
鐵嶺每日新聞	大正七・三	同
鐵嶺商業通訊	昭和二・七	同
鐵嶺朝鮮會報	同二・一二	年四
遼鞍每日新聞	明治四一・一二	日刊
開原新報	大正八・二	日刊

上列各種新聞或刊物常有反動的宣傳，且作排華的放送。中國政府雖明知根據條約，在我方本有行使高等警察權之自由，但為尊重兩國友誼起見，至今尚未能採斷然之處置也。

第三節　對於破壞金融行政權之破壞

查一國鈔票之發行與金融事業之經營，於民生國計所關甚大，小之攫取人民不義之利得，大之擾亂市面、破壞社會經濟之調整，為禍之烈，有非想像所及者，故在文明各國，凡鈔票發行多為國家銀行獨享之大權，否則亦須為國家主權直接或根據法令之所授予。而凡關於金融事業，咸須受國家嚴重之制裁，外人苟無條約之讓予或國家法令明文之許可，從無擅得侵入他國領土以內，不顧他國之主權與人民之利益，而得為所欲為，肆無忌憚者也。然日本之在我國東三省則竟毫無條約上之根據，而悍然干犯我國金融之主權，發行巨額之鈔票，設立異樣之貨幣本位，組織種種之金融機關，操縱市面，不受我國法令之制裁，貽害民生，非言可喻，綜其大者，約有四端：

一　發行偽鈔

東北外交研究委員會報告

民國廿一年一月

甲、銀票

日本在我國領土內發行巨額鈔票，始於一九○四年日俄之戰，其時日本在三省陸續所發行之軍用手票，達一億九千萬元之鉅。此項數目不啻日人對我三省人民力役及物資之強制徵發，實為對中立之友邦人民一種掠奪。至樸資茅斯和約成立，日本軍用票之流通於市面者

尚有一億五千萬元。日政府命正金銀行代為收回，因賦以鈔票發行權。其時正金銀行在東三省已有營口、奉天、大連三支行，惟大連支行操發行之樞機，此項鈔票分一圓、五圓、十圓與百圓之數種，亦惟在大連支行方能兌取。日本銀元是為銀票，亦常逕稱為鈔票，日政府命正金銀行在我國領土內發行此項鈔票，固未曾得我國條約上之許可，亦未得我國政府明文之同意也。嗣該行相繼增設旅順、遼陽、鐵嶺、安東、長春、哈爾濱支行，銀鈔票之流行寢廣，一九一一年超過七百萬元，至一九三〇年竟至九百八十六萬元。

乙、金票

就日本最大巨額之鈔票發行，實為金票由朝鮮銀行發行，以日本銀行兌換券生金銀國債券及商業證券為準備，初僅限於朝鮮境內之清償及安奉路線成功與朝鮮鐵路接軌。一九一三年遂乃推行而入東三省境內，嗣朝鮮銀行在瀋陽、大連、長春、四平街、開原、哈爾濱、營口、傅家屯、龍井村、旅順、遼陽、鐵嶺、安東各沿路中心設立支行，流通日廣，至一九一七年十二月日政府竟不待與我國政府洽商許可，擅頒布第二一七號與第二一八號勅令，以之為東三省日人交易惟一之清償，賦予強制通行之力。其總發行額在一萬二千四百萬日元以上，日人估計其在東三省境內流通額約當四千三百五十八萬四千日元，實際恐不下於五千萬日元也。

丙、鈔票發行之影響

綜上所述銀票發行額九百八十六萬元，與金票在三省流通額之四千三百五十八萬元，實為日人對我國所負之無息債務，亦即我國貨幣流通範圍被侵蝕之確數。凡在三省日人所營之工商礦業悉賴此以為週轉之資金，而實際則為我國人民之力役物資，所錙銖累積而成者也。

據一九二九年底朝鮮銀行所公布之資產負債表，所列發行紙幣一一九、〇三四、三九五日元，現金準備六一、五六〇、〇一八日元，保證準備五七、四七四、三七七日元，其現金準備僅略超過百分之五十，其餘百分之四十八、九則為保證準備，凡保證準備所得之常年利息，皆為發行銀行之純益，今金票在我東北三省者之流通額既為四千三百萬日元，則保證準備下發行者至少亦有二千一百五十餘萬元（若加以正金銀行所發之銀票，其數目應較此更大）。按照通行息率日人所弋獲之利息，是即為我國所受之巨額損失，亦即日本政府軼出條約範圍以外，侵害我國主權所攘奪不義之利益也。

考朝鮮銀行在一九〇九年設立，由日政府特頒法令所組織，為朝鮮之中央銀行，享有鈔票發行之特權。惟朝鮮地瘠民窶，對外貿易歲呈鉅額入超，此項國際債務，最後皆賴朝鮮銀行為之週轉，以致現金準備極難維持，鈔票滙價，時有貶墜之虞，營業狀況至為狼狽。及一九一三年擅自以其鈔票，侵入我國境內以後，遂乃以其金票專事收買我國出滙票，一轉移間，無形中將我國三省在海外出超之債權，收歸己有，以之抵償朝鮮出超之債務。而我國三省商人之所得於彼者，則為其所發行

之鈔票，年達四、五千萬日元，日人固無息而得此鉅款，以濟朝鮮之窮，更由保證準備項下取巧而牟取其息金。因此條約以外之巧取豪奪，而我國三省人民在經濟上遂受日人兩重之剝削。

日本正金銀行所發之銀鈔，以數量言，不如朝鮮銀行之多。然因正金銀行專業滙兌，故其操縱市場之勢力，亦殊不可侮。東省每年秋冬糧豆上市，正金鈔票以銀為本位，適合中國商人習慣，故大宗特產交易，胥以鈔票行之，鈔票需要多，則正金銀行大行放貸於三省出口商人，而於此項出口貨物代價之支付，則由該行在中國南省或外國收滙現幣，或買入押滙於三省以鈔票支付之。逮翌年春夏交易疎薄，金資轉而外流時，鈔票漸次為進口商人所收集，由正金為之滙出於上海或外國。大連錢鈔交易所鈔票對規元每日直接講行市，成交甚大，正金銀行即據此掛牌，以定滬滙行市，三省各地通行銀行對外幣皆無直接行市，咸視鈔票為準則，故鈔票遂為介紹中國本部與東省匯兌之主要媒介。因金融季節之關係，正金銀行遂利用之於秋冬滬滙低落，鈔票高漲時發出，春夏規元昂貴，鈔票倍跌時收滙，如此一發一收之間，該行遂坐享厚利。正金銀行三省支行一九二八年收滙之款共五六九、九六四，一七四元，支滙之款共五六二、三三二、五九四元，其利之鉅可以概見，中國金融中心厥為上海，故正金銀行鈔票之準備，悉為存滬規銀，該行既藉低幣之通滙，攘金融季節滙市漲落之利，同時更利用上海金融之靈活，為其運用準備殖利之道，或為交易所經紀人之活期放款，或竟存莊生利，弋

取拆息，究其致此皆由於獲有鈔票發行權故也。

丁、厲行金建之侵害主權

　　國家主權最著之表示，厥為同律度量權衡，貨幣本位乃為度量權衡之大者，按照光緒二十二年中俄東省鐵路公司合同，該合同為日本在南滿權益之所本，日本南滿鐵路公司除得於鐵路所需之地上建造房屋工程，並設立專為鐵路使用之電線等事得一手經理外（第六條）。至於保護鐵路及服務於鐵路之員役與鐵路用地之命盜詞訟，概由中國地方官吏按約辦理（第五條）。可見當時中國政府所讓予於東省鐵路公司者，僅為指定事項之事務經理權，而並非一般之行政權，此在一九〇八與一九〇九兩年，中國政府曾疊次聲明，並深得美國政府之明文贊同者也。且按之該合同，中國政府所讓予權利之對手方，乃為以經營生意為目的之鐵路公司，而決非有政治性質、握有行政權力之任何機關。從前之說，是日本在法律上對於一切度量權衡及貨幣本位，並無在我國領土上強制施行某種標準之根據。從後之說，則除南滿鐵路公司得在鐵路必需用地有某種事務經理權外，公司以外，日本任何機關或任何名義在我國領土上之一切設施，皆為侵害我國主權之暴行也。乃民國六年四月，日政府明令使朝鮮銀行兌換券為關東洲及滿鐵沿線使用地之法貨。至民國十年四月十六日，日本政府又發出特產物取引所金建令，使各項特產交易強制施用金本位，公然在我國領土內，強制施行異樣之貨幣本位，而同時即不啻在我國領土內抹殺我國貨幣之法貨資格，而任意拒

絕收受，此其為侵害主權，蹂躪國法，可謂至乎其極
矣。復次日本之侵害我國主權，實係幾經考慮，居心吞
併之結果，以法律用語言之，日本對於其近鄰友邦之侵
害，乃謀害而非誤犯也。此觀於民國六年四月，日本朝
野討論滿洲金建問題時，京都銀行公會提出之改革滿洲
貨幣意見書，可以見之，該意見書即為日本政府所採用
作為在我東三省屬行金建實施之方案，原文計十節，茲
錄其最警策之數節如下：

滿洲在國際法上之解釋如何，姑置不論，但務使其
化為日本之經濟領土，實為帝國目前之急務，而達此目
的之根本方法，即在頒布與國內同一，且曾對韓國之幣
制（第六節）。

依此理由，須將滿洲改為金本位，蓋為對滿貨幣政
策之根本主義。……一方切盼以日僑集聚地為中心，努
力對滿洲境內，謀金本位幣之流通與金本位幣交易之普
及，將滿洲幣制實際改為金元本位（第七節）。

實行此制應採如何政策，雖終視日人勢力發展之如
何而定，相信須藉重僱傭多數勞工，以圖發展之大工
業、大礦業，方足以普及金本位定價之交易，而推廣金
元之用途。……日人之發展及日鮮對滿交易之增進，實
為滿洲金本位交易發達之原因，一方關東廳與南滿會
社，均以金為預算本位一事。……又當改革幣制重任之
中央金融機關，對於金本位之存放滙款，應比銀本位為
便宜，本此方針，應求日方金融機關之協力合作。又因
實施金本位，為如何限制中國政府及中國各銀行之濫發
現洋紙幣一點，蓋今日滿洲幣制之紊亂根在此，欲改革

滿洲幣制，除一面課金本位之交易普及外，一面須限制此等銀元之鑄造及紙幣之發行，其解決方法依情形而定，但相信須對中國政府予以財政上之援助，亦獲得對華銀行之監督權（第八節）。

宜膺此整理幣制重任之金融機關為誰，竊以滿洲對日本在政治上之地位，恰類保護協約前之韓國地位，將來恐亦歸同一命運，是以滿洲之中央金融機關，宜託付曾將韓國化為日本所有而奏特效之特殊金融為至便當。換言之，以一面曾當韓國改革幣制之衝，一面能專心於日人之發展及利權之扶植，而極能完成其任務之特種銀行為最善。蓋此非具有適當資格性質長於殖民地放資之金融機關不可。斷不宜委之單以滙兌交易為專業之金融機關也（第十節）。

觀上文，其在東三省屬行金建，頒布與日本同一且曾對韓施行之幣制者，其目的在供滿洲「化為日本之經濟領土」。又言滿洲對日本在政治上之地位，恰類保護協約前之韓國地位，將來恐亦「歸同一之命運」。因朝鮮銀行「曾當韓國改革幣制之衝」，以為其「能專心於日人發展及利權扶殖，而極能完成其任務」，即「曾將韓國化為日本所有而奏特效」。故特委之，以膺此整理東三省幣制之重任，其所以蹂躪我國主權者如彼，而其居心侵略也又如此，可知其倡「中日親善」與「共存共榮」之論調，不過欺騙無知之中國人，而簽字於一切保證中國領土完整行政獨立之條約或作無侵略中國領土野心與利用中國時局以謀取特別利益之聲明，不過為矇蔽世人耳目之一種掩護物 Common Sense 耳。

戊、擅設錢鈔取引所與經營當業

又錢鈔交易所之設立，關係社會經濟者甚大，故在文明各國皆有極詳密之法律規定，受政府嚴重之監督，以防違法之交易及投機之過當，致引起全社會金融之不安定。我國於民國十八年十月三日亦有交易所法之公布，其非一味放任概聽自然可以見之。無論何國之法律，凡交易所之設立，必須先得主管機關之核准，其經紀人及會員必限定為本國國籍，故外國人若無條約之根據，其不得在我國領土內擅設交易所至為顯明。然而日本在我國東北所設之交易所，幾遍於南滿鐵路沿線各城市，其屬於錢鈔交易所者計有七處，調查如下：

交易所	設立年月	交易之鈔票	交易之單位
大連錢鈔取引所	一九一三年九月	鈔票對金票	五千元
瀋陽錢鈔取引所	一九二〇年四月	金票對奉票	一千元
開原錢鈔取引所	一九一六年二月	奉票對金票或鈔票	一千元
四平街錢鈔取引所	一九一九年十月	同上	同上
公主嶺錢鈔取引所	一九一九年九月	同上	同上
長春錢鈔取引所	一九一五年四月	鈔票對吉帖	同上
安東錢鈔取引所	一九二一年一月	鎮平銀對金票	一千兩

以上日人所設之交易所，除安東一所為民股組織外，餘概為官有營業，其期幣交易之額均甚大，如大連、瀋陽二處，皆在日金十萬萬元以上，每年所獲之利，固屬異常優厚，而以國家之法幣公然作買空賣空之定期交易，實屬弁髦中國法紀，有損主權，而操縱搗亂，致奉票慘跌無度，引起金融風潮之事數見不鮮。其最著者為民國十五年夏天，合盛執事人以壟斷幣價、擾害金融而致槍斃之事，尤為彰彰在人耳目。而直接尸其咎者，則為日人違法在我國設立錢鈔交易所有以致之也。

　　當舖為放資於勞動者之金融組織，往往乘人之危，盤剝厚利，最為下層階級之所痛心。我國向例開設當舖亦須持領執照，輸納照捐，對於放款期限、放款利率，均有一定之限制。三省當舖當期恆為十八個月，短者亦為一年且有兩月之展期，利率則大概三分。據一九二八年末統計日人在我國東北所設之當舖，計有三百六十一戶遍布於滿鐵沿線，其當期僅為四閱月而利率分三等。多者竟達每月八分，少者亦月息四分，敲剝吾國貧民，可謂窮兇極惡，其侵害我國國權，蹂躪我國民生，亦誠無微不至矣。

第四節　破壞交通行政權

一　路權

東北外交研究委員會報告

民國二十年十二月七日

（一）干涉我自修鐵路：

　　東三省物產豐富，近二十年來，由山東、河北各省農民遷來墾殖者極多，地方日漸發達，自應有多數鐵道，以利交通。中國每修一路，日本即提出抗議，大致均謂與南滿鐵道並行，有害南滿路之權益。除瀋海一路因洮昂借款，作為交換，業已不成問題外，其餘如打通路、梅西支路、吉海路，現均橫加干涉，懸案未了。其中尤以吉海路修至吉林，民國十八年七月，業已通車，與吉長路軌道相連而不接。中國屢次欲將兩路路軌連接交通，均為日本所阻，至今尚未解決。查吉長雖係借款，實為中國國有鐵路，吉海為自款自修之路，且遠在南滿路一百二十餘公里之外，阻止接軌，殊屬破壞我交通。

（二）破壞我交通行政權之統一：

　　吉長路為中華民國國有鐵路，因借款關係，任用日本人為運輸主任、會計主任、工程主任。依據合同第十四條，交通部對於各鐵路之通行章程，本鐵路一律遵照，嗣後交通部、鐵道部頒佈各路貨物等則，而吉長運輸主任，抗不實行。其提出抗議之理由，謂中國貨物與日本貨物等則不同。違反一九二二年華府九國條約第五

條，不許差別待遇之規定，雖經我外部照會日使駁復，此引用之條文解釋錯誤，而運輸主任置之不理。至今我國之各路通行章程，惟吉長抗不遵行。

（三）侵略我路權之計劃：

（甲）吉長路，依據合同雖為委託南滿代為營業，凡關係支出款項，必須局長同意。而滿鐵駐局代表，大權獨攬，任意濫費，即如薪水一項，日本員司五十四人，月支現洋三萬四千餘元，每人平均約三百元。日本一主任月支二千餘元，中國局長月支七百五十元，其主任尚出局長數倍。吉長借款，僅日金六百五十萬元。自十七年四月開始還本，已還日金八十九萬三千七百五十元，因濫費之故，舊債雖減，新債又加，至今債額反增加至六百七十三萬餘元之多。其用意則在吉長合同第一條，中國政府不能償還借款本息時，即將本路一切產業，交南滿會社管理，其吞併吉長計畫，隱伏於此浪費中也。

（乙）吉敦路，一九二五年十月，中國政府與南滿鐵道會社簽訂吉敦路包工墊款合同。始託南滿路承造工程，並墊用工費，由局任用日本人為總工程司，辦理計畫工程及預算暨建造事務。並規定竣工後由局長派員驗收後，發給竣工證明書，即日起息，年息九厘。至一九二八年，南滿會社通知，業已竣工，請派員驗收。經局長選派各路工程專家，逐項估驗，發現浮冒工費三、四倍至十數倍不等。查該路沿線，為產木最富之區，木板房一間，開列日金一千四百六十元，木便橋一公尺四百二十元，統計浮冒日金五百四十六萬

餘元之多。此外尚有與設計不符者三處、工程不良者一百八十一處，造成詳細清冊，通知南滿會社，至今置之不理，反抗議謂我不收工為不當。此路長僅二百二十公里，工事費已耗至日金二千四百萬元，此路尚有償清借款之日乎？

（丙）四洮路，一九一九年九月，中國政府與南滿會社簽訂四洮借款合同，委託會社發行五厘利息，金幣公債四千五百萬元，年息五厘。換函內聲明，在公債未發行以前，由會社墊款，年息不得過七厘五。自簽訂合同後，至今已逾十二年之久，公債尚未發行。其不肯發行公債者，公債利係五厘，墊款利係九厘，或九厘五，貪圖高利，違背合同。最奇者，公債雖未發行，而經理公債千分之二十五經理費用，均由墊款內預為扣留。利息另加二厘，或一厘五，並將上年之利，轉入下年之本，統計本路僅實收墊款本金二千二百萬元，轉至現在已達五千二百餘萬元之鉅。四洮路線長僅四百三十公里，一切車輛，尚租自南滿會社，年付四十餘萬元之租金，收入僅敷開支，利將無出。其工務處長、會計處長、運輸處長均是日人，內為日人所把持，外為高利所盤剝，四洮債務，永無了結之希望。

（丁）洮昂路，一九二四年九月，奉天省長與南滿會社簽訂洮昂包工墊款合同。委託南滿會社承造工程，並墊用工費，預算一千二百九十二萬元，年息九厘，任用日本人為顧問，並助手兩人。工竣後，南滿會社於工費決算書內，列有諸掛費一項，計日金二百零七萬五千九百六十一元，經路局一再追詢，會社答稱，係包

工以前，往來北京奉天之交涉事務費、工事監督費、包
工費等。復經路局駁詰，無詞可對，然強硬主張，責令
路局承認，自工竣後，即須起息，此案仍懸未結。

二　電權方面

東北外交研究委員會報告

民國廿一年二月十日

　　日本蓄意侵略中國，故對電報電話等交通利器，非
法違約，竭力侵略，蓋欲完成在我國之通信網，以遂其
併吞之念也。茲將日本對於東北電權之侵略，分九一八
以前及九一八以後兩項述之：

甲、九一八以前日本對於東北電權之侵害

（一）日本擅在南滿鐵路借用地內及中國地內違約設立
各種電臺。

　　日本侵略我國無微不至，對於電信機關更為積極，
依中東鐵路公司合同，鐵路電線不准作另外營業之用。
依中日電約，鐵路線外之電線亦不准任意擴張，乃日本
蠻橫成性，蔑視條約，對於電話、電報及無線電等皆任
便敷設，建築臺局，不惟對於條約肆無顧忌，即對我國
領土、主權及行政權之完整，亦毫無尊重之意向。茲將
日本在東北之電信機關表列於下：

地址	電話局	電報局	無線電臺	備考
瓦房店			一	在滿鐵用地內
松樹		一		同上
熊岳	一	一		同上
蓋平				同上
大石橋				同上
營口	一	二		電報一在內地一在借用地內
海城		一		在滿鐵借用地內
千山		一		同上
鞍山		一		同上
遼陽	一	二	一	電話局及無線電局在借用地內
煙臺		一		在借用地內
蘇家屯		一		同上
遼寧	二	二	一	大西關一其餘在借用地內
新民				在我國內地
新臺子				在借用地內
鐵嶺		二	一	電報局在內地餘在借用地內
開原		一	一	在滿鐵借用地內
昌圖		一		同上
四平街		一	一	同上
郭家店		一		同上
公主嶺		一		同上
范家屯		一		同上
長春	一	二	一	報局在中局內餘在借用地內
撫順		一		在借用地內
本溪湖		一		在鐵道用地內
橋頭		一		同上
連山	一			同上
雞冠山	一			同上
鳳凰城	一			同上
安東	二	一	一	報局在中局內餘在借用地內
通化			一	在內地日領事館內
牛莊			一	
掏鹿			一	在內地日領事館內
海龍			一	同上
鄭家屯			一	同上
農安			一	同上
吉林			一	同上
哈爾濱			一	同上
齊齊哈爾			一	同上
滿洲里			一	同上
間島			一	同上

地址	電話局	電報局	無線電臺	備考
百草溝			一	同上
局子街			一	同上
碼道溝			一	同上
琿春			一	同上
總計	一一	三二	二二	

（二）日本在延邊四縣擅設電報、電話線及局所。

中日戰後，朝鮮歸日本保護，迨日韓合併，日本對延吉四縣，及間島隱存蠶食鯨吞之意。其歸也，利用鮮民拓殖政策，攘奪田地耕作，繼之以設警察署侵害警權，更輔以通信機關以收消息靈通之效。於是電話、電報等交通機關，遂為攘奪之標的，分述之如下：

子、延吉設線情形

當中日島間協約擬訂期中，日本擅設圖們江邊稽查處線一條，約長一百三十餘里。清宣統二年，我國延吉道尹及吉林巡撫交涉收回，日本援引中日電約付價收回滿州陸線辦法，索價三萬元，一再談商，延未解決。迨後民國九年，日本藉口韓黨作亂，進兵延邊，其軍隊任意安設延吉、琿春、和龍、汪清四縣軍用電話，日軍撤退之後，經延吉交涉員向日領交涉，允將各線路贈與中國使用，雙方擬定接收日本軍用電報電話線辦法八條，其後日本藉故遷延，抗不交還，以至於今。

丑、琿春設線情形

民國九年日本以勦匪為名，進兵延邊，強設軍用電線，計報線一條、話線二條，直通朝鮮會寧等處。而其電局名曰慶源郵便分局，附設琿春領館之內，中國方面屢經嚴重交涉，終無結果。

寅、龍井村設線情形

清代光宣之際，於中日邊界未定時代，日本擅設由龍井村至朝鮮之線，民國九年時，日本出兵征討韓黨，又任意敷設龍井村至延吉之線。並設局所曰會寧支局，共有線八條，電報計收發日韓國際、滿鐵沿線，煙、滬、旅、大等處，電話計通會寧、上三峯、延吉等處。

（三）日本利用南滿鐵道用地內之電話線，擅在瀋陽、長春各內地擴張營業，日本承繼俄人權利後，對於電氣事業積極侵略，恆利用南滿鐵道用地內之電線擴張至內地，瀋陽、長春即其著例，瀋陽城內日本電話擴張至六百餘號之多。按光緒三十四年中日電約第二款後半之規定，滿州鐵路境外日本電話線，日本允若非先經中國政府允許當不再擴充。而事實上日本則盡力擴充，且在瀋陽大北關居然設立電話取報所，是直視條約為無物，其不講信義有如此者。

（四）南滿鐵路任意收發商電之違約。

日本在南滿鐵路電局任意收發商電，殊為毫無根據，蓋日本在南滿承繼俄人權利，據中俄東省鐵路公司合同第六條中段規定，並設立電線自行經理專為鐵路之用……云云，是鐵路電線專供鐵路之用，乃毫無疑義，日人擅自擴張範圍，其為違約自極顯然。

（五）日本借用奉新電話線在新民設局營業之違約。

中國收線委員魏鴻鈞等及日本委員加藤等所訂臨時借修線辦法，不過暫准日人借用長途話線，並無准設話局之明文。茲查日人借線後，在新民設有市內電話局一所，現在約有用戶一百三十餘家，每戶月收話費日金六

元,並有設長途專號者,其違約侵權不待煩言。

(六)借用電話線延不撤退及擅自擴張設施與營業之違約。

　　查中日電約第三條規定,在滿州附近日本鐵路境之商埠,計安東、牛莊、遼陽、奉天、鐵嶺、長春六處,中國政府允自各該商埠通至鐵路境界內借給電線一條或兩條,全歸日本使用,以十五年為期云云,是此項借線於民國十二年已經滿期,乃中國請求歸還日本不肯照辦以至於今。不特此也,日本且不依條約所定在中國電局之內附設局房,乃自設局房一所,名曰奉天城日本電信取扱所,對於條約規定毫無顧忌也。

(七)日本在營口設立之電話局,約定交還,擅不履行。

　　查光緒二十二年中日會訂交還營口條約第六條後段,歸定電話一業應由中國電報局收回自辦,即由該局與該會社在營口已經置備所有電話產業估價照購,倘彼此委員意見不同,應由該局與該會社隨時公舉一局外之公正人,由伊定奪,彼此遵守等情。是營口日本電局本應早由我國收回自辦,乃日本以侵略交通之動機,使至現在仍未交還。

乙、九一八以後日本對於東北電權之侵害

　　九一八事變以後,日本首先佔領我國通信機關,所有東北各種電報、電話局均經日本強行佔領,所有各種進款,亦皆歸日本支配,此則為強行霸佔之掠奪行為,不僅加以侵害而已也。

三　空權方面

東北外交研究委員會報告

民國廿一年二月

日本此次侵我東北各地，彼我均未正式宣戰，日人應遵守國際航空條約總則第一條（締約各國承認各國各有其領土以上空間幅員之完全獨有主權。本條約所稱一國之領土，並與領土連結之領海）及第三十二條（凡軍用航空器，非經特別准許，不得飛入他國之境或在他國境內降落，其得有此項特別准許之軍用航空器，如無特別規定與之抵觸，則得比照外國軍艦享有習慣上所許之治外法權。軍用航空器在飛航中因被強迫或被請求或呼令而降落外國時，不得享有前節所述之特別權利。）之規定不得在我領空內飛航。不圖日軍竟在我領空內任意暴行，破壞公法，茲將侵害我國空權及該國空軍在我境內種種軍事行為略述於次。

一、日本佔據我航空機關，並掠取我器材之情形：

本年九月十九日晨，日軍突然強佔航空司令部及所轄工廠、學校、倉庫等處，除殺害衛兵二名，逮捕學員二人外，並將本部所有航空器材掠取使用，實為違背公法。綜計損失飛機約二百六十架，航空發動機約四百五十架，連同飛機備件，工廠工作機械、槍械、子彈、車輛、材料、器具、藥品等項，合計約值國幣五千萬元。

四　航權方面

東北外交研究委員會報告

民國廿一年二月廿六日

　　東北自民十三以來，鑒於北部交通滯塞，乃在哈爾濱設立航務局，購置輪拖各船八十餘艘，並附設造船所暨水道局，從事造船及疏濬松花江下游河道。復在北寧路南端，開闢葫蘆島港，用便實施門戶開放主義。又在營口設漁業保護局，辦理漁政，經理沿海各地漁業。該局復設市區漁場、水產試驗場、漁業貸本所、漁業罐頭工廠、漁業活動影片。並建設漁業埠頭，汲汲進行，用謀民眾福利。日人嫉視，於九一八事變後，將上述各種建設，破毀無餘，損失數目，另案陳明，茲將日人平時在東北種種侵略我國航權事實，條舉於後：

甲、日本侵害東北海上航權之事實

　　二十年五月間，我國營口海外貿易輪船公司，所有之中華輪船號，欲在大連運貨，被日本海務局以大連為其國內地為詞，拒絕該輪不許運貨。中華輪因不得載貨，即行開去，所受損失極鉅，此案正由我國政府，預備與日本積極交涉，適日本強佔東北事起，遂成懸案。查中俄互訂旅大租借條約第二款載明：「為保全俄國水師，在中國北方口岸，得有足為可恃之地，大清國大皇帝允將旅順口、大連灣暨附近水面租於俄國，惟此項租借不侵犯中國主有此地之權。」第六款云：「兩國政府，相允旅順一口，既專為武備之口，獨準華俄船隻享

用，而於各國兵商船隻，以為不開之口，至於大連灣，
除口內一港，亦照旅順口之例，專為華俄兵艦之用，其
餘地方，作為通商口岸，各國商船，任便可到。」云
云。此項條約，自日俄戰後，移轉日本，至今於中日間
固仍繼續有效。大連乃我國領土，既因租界關係，闢為
通商口岸，我國兵商各船，於該港應享有優異特權，又
為租約所明訂。今日本在彼，對於各國商輪，皆許其自
由運貨，航行於大連與該國口岸之間，而獨於我國商
輪，忽持異議，殊屬侵害我國海上航權。且公然藉口謂
大連為其國內地，更屬侵害我國領土。

乙、日本在東北侵略漁業權之事實

日本自繼承俄國租得旅順、大連，除金州全縣及安
東營口，此外無與租界相關連之水帶也。水面劃界，黃
渤海面僅有旅大沿岸，東西海線在此範圍內，渠得有漁
業之權。此外則安東鴨綠江下游，中日劃界以江流中心
為標準，互相遵守，彼此不得越界捕魚。詎自民國元、
二年以來，日本在華北一帶，漁業日事侵越，謹擇要臚
列事實於左：

一、鴨綠江下游漁業之侵害

鴨綠江漁業自清末以來，時與日人發生糾葛。至民
國三、四年後，兩國始劃定界限，以江流中心為標準，
互相遵守，不准越境侵漁。日人始尚遵行，久乃嗾使韓
國浪人，違約橫行，逐漸將獐島、象鼻山一帶及鴨綠
江下游江海交界各處漁場，盡行封鎖，不准中國漁民往

漁，否則人船押收，罰金處罪，甚至謀害生命。近年以
來，更肆行無忌，不遵界限，無論何處，非中日合作，
或中韓合辦，或領取日本憑照，或託人疏通情面，皆不
准中國漁民業漁，否則必受日本毒辣之罰辦。頻年以
來，鴨綠江一帶之漁民，沈淪於日本強權壓迫之下，遂
使吾國漁業之經濟主權，被其侵略殆盡矣。

二、莊河海面之碧流河漁業之侵害

　　碧流河下游，乃中國蝦漁場之一，當年中日劃界，
貔子窩與莊河縣境，以碧流河下游中心王瓜島為界。島
西沙海為日本租界，島東為中國領屬，網牆七、八十
排，漁民百餘戶，歷年皆以漁為業。近二、三年，日本
當局忽藉口河流東向，竟將島東漁場強行霸佔。該處漁
民生計頓失，偶有不服，即行割網沒收。此項事件，業
經呈明國民政府，交涉在案，日人一意延宕，久懸未
決。現該處漁民，已數年未得營業，生計損失，不可數
計矣。

三、旅大漁業封鎖之毒辣

　　旅大地居遼渤海之中心，各處漁船出動，各大漁場
為曳網漁業上煤、上水及船用供給物品，向來均以此為
根據地。近年來，中國山東膠東一帶漁民，合資經營石
油發動機曳網漁業，漁民達二、三百戶，數年以來，日
見發展。日人感覺彼方漁業經濟，逐年比額日見低下，
遂用毒辣手段，封鎖旅大，禁止中國漁船入口售魚，如
欲赴連售魚，須遵彼關東廳新頒之命令：

（一）須領取日本憑照，聽日人使命。（二）須雇用日人為船長。（三）須使用日本貸本及供給物料。此項命令自民國十八年秋頒佈，中國漁船始絕跡赴連，日本漁船遂得專漁專售之特權。由此可見日本壟斷東北沿海漁業之一班也。

四、蓋復一帶漁業之侵害

蓋復海面漁業，本為吾國專有。乃日本強詞奪理，謂鮁魚圈大漁場，在公海範圍，不得禁止日本業漁。民國三、四年間，中日漁民屢起衝突。我國政府，慎重將事，顧念邦交，因命當時營口漁業局局長鄭焯，與日方代表中村氏訂結條款，每年黃鱗魚汛，准日本金復漁船保護費特定標識，前往業漁，並准日本關東廳設立臨時卡所，抽收金復漁船保護費。交換條件，朝鮮西海岸一帶，當黃鱗魚汛時，亦准中國漁船到彼業漁，日方允予保護，不得無故失約。此項條約，極為公允，不意行之未久，日本有意違約，自民國六、七年後，即暗中嗾使朝鮮漁民，強禁中國漁船東上。我國政府，屢與日本當局交涉，迄無結果，至今我國漁民，對於朝鮮西海，均裹足不敢輕往，而我鮁魚圈漁場，卻不能禁彼不來。此案今仍懸而未決，可為日本在我東北強佔漁業之明證。

五、去年事變後東北漁政之損失

自去歲九月事變，吾東北關於漁業所受之損失，現雖尚無詳確之統計。據調查所得，計營口漁業保護局，損失庫存槍彈四萬五千八百粒，七九步槍五十四枝，砲

彈五百發，靖海砲艦一艘，巡船一隻，又寄存官銀號公
款被其沒收者共二十餘萬元。至關於建設方面，乃沿海
各分局場卡稅收機關，均被其改組。又中央市區魚場、
房屋官兵駐所、水產試驗場、漁民貸本所、官商合辦罐
頭工廠、漁業活動影片及建築碼頭等項要政，均全停
辦。總計全部有形無形損失不下八十餘萬元矣。

第五節　日本蹂躪東省司法的情形

東北外交研究委員會報告

民國廿年十二月四日

日本在東三省喧賓奪主，向來恣意橫行，侵害中國主權之事，不一而足，即就司法方面言之，其平時對於中國法院行使職權既已諸多妨害，迨此次事變發生後，尤復極力摧殘，綜其蹂躪在東省司法之情形，可分項略述如下。

一　佔領前的蹂躪情形

日本在強佔東省以前，蹂躪我東省司法情形，撮要言之，約有五端。

甲、日警侵犯法庭，威脅法官，破毀司法神聖。

我國司法，本絕對獨立之精神，無論何人不得侵犯。乃日警恃強逞暴，無所顧忌，往往擅入法庭，污辱法官，使司法尊嚴，不能維持，法官職權，不能充分行使，略舉數例。

（1）鳳城地方分庭檢察處，曾受理盜賣國土案。被告尚在偵查，日本軍警竟持槍逼迫承辦該案之檢察官，立時作成不起訴處分書，強將該被告提去。

（2）民國十九年間，瀋陽楊春元，與某日人因復興煤礦契約關係涉訟。該日人竟用印刷品，對於瀋陽地方法院庭長管景銘，百般侮辱。並對於遼寧高等法院，表示要脅。

（3）民國十六年七月間，有程景山因犯略誘罪，經復縣地方審判廳，判決徒刑。被告於上訴中，逃匿大連，嗣經法廳派警至大連訪獲，押回瓦房店車站，為日警強行帶去，迭經交涉，卒無結果。

乙、滿鐵界內容庇罪人，不許中國法院拘傳。

　　查滿鐵界內，應歸中國法院管轄華人間訴訟案件，為數甚多。乃歷來中國法院傳喚，或拘提居住滿鐵界內之中國人，日本警察輒加阻撓。即囑託代為拘傳，亦多置之不理。故犯罪人及債務人，為脫免拘捕，或延宕債務計，常逃至滿鐵界內。日警知之，亦不肯引渡。致使中國法院之案件進行倍感困難。此外日本警察，對於中國人在滿鐵界內犯罪者，或擅自釋放，或逕行處罰。並縱容以販賣鴉片煙及嗎啡、海洛因為業之人，不加取締。而於妓館庇護尤力，凡良家婦女，被人誘拐，押賣於滿鐵界內之妓館者，縱令發覺，經中國法院要求日警交出犯罪人及被害人，而日警則每以保護妓館營業為理由，拒絕照辦。此類案件，以瀋陽為最多，鐵路沿線各法院及交涉署，均有案卷，歷歷可稽。似此情形，不惟有乖人道，實屬阻撓中國法院行使職權。

丙、日本警察於滿鐵界外，任意搜索及逮捕中國人。

　　滿鐵界內，不許中國法院拘傳訴訟人，已如前述。而日本警察遇日本人為原告事件，則反至滿鐵界外，搜索中國人之家宅，認有嫌疑，即行捕去。按日本雖在中國有領事裁判權，然亦祇能裁制日僑為被告之事件，至

對於中國人為被告之案件，則絕對不能處理，乃日警悍
然不顧，竟在中國領域內，對於中國人實施搜索逮捕，
其侵害中國法權及人民自由，莫此為甚。其實例如左：

（1）十八年一月二十七日，日本巡查五名，擅在本溪
　　　捕去華人劉堯德。

（2）十九年四月八日，日本警察三名，擅入本溪西
　　　石河寨村，捕去華人張寶峯，經我國交涉多次
　　　始釋放。

丁、日本警察對於逮捕之中國人任意凌虐及肆行殘殺。

　　近代文明國家之法律，訊問刑事被告，均不准用強
暴脅迫之手段。而日本警察對於在滿鐵界內外逮捕之中
國人，幾無一而不施用刑訊，逼其供認犯罪事實，必須
羅織成獄，始向中國法院移送，且經過期間有多至數月
之久者。至其所用之刑，則有從鼻孔內倒灌涼水、辣椒
水或煤油，及用香火刺燒兩脇等最殘酷之法。故凡日警
移送之刑事被告，多係遍體鱗傷，目不忍睹。其中良民
被誣者，更不知凡幾。此外日警殘殺華人之案，尤屬數
見不鮮。似此違背人道之舉動，實為世所罕見，事例之
多，不勝枚舉。撮其要者如左：

（1）十二年六月十七日，日警越境至臨江縣，不許小
　　　票溝地方甲丁于蘭江盤查，將其槍殺。

（2）十二年十一月十日，日警二十餘名越境至莊河縣
　　　小崔家屯，槍殺農民崔永德。

（3）十三年一月三十日，輯安縣農民隋殿清在田工
　　　作，被越境之日警槍殺。

（4）十四年一月九日，輯安縣大米仙溝甲長褚得勝、甲丁劉日忠、李義榮、王子安等被日警槍殺。

（5）十四年三月三日，駐韓日警越江至輯安縣石湖溝，槍殺華人王德功、佟明章、任紹才等。

（6）十四年九月七日，駐撫順永安橋日警，槍殺華人周殿士。

（7）十五年七月十六日，日警二十一名，越界至安圖三家塘，槍殺華工四名，捕去一名。

（8）十六年四月十一日，遼陽黃堡華人劉玉亮被日警槍殺。

（9）十八年六月二十七日，大石橋日警十三名，擅至蓋平縣八家子村，搜捕農民張玉堂，適彼外出，乃捕張父及村長去。嗣日警於二十九日，在芭蕉溝獲張玉堂，當槍殺之。

（10）十八年十月二十日，龍井村民聲報記者蔡俊陶，行經日領館，被日警誣為偵探，逮捕毒打。

（11）十九年二月二十五日，日警六名，越境至蓋平縣太平山村，捕去華人顧洪祥。帶至大石橋日警署，非刑毒打，迫使承認竊盜。

（12）二十年五月二日，遼陽華人米雙珍父子三人，被日警署一併捕去，拘禁二十餘日。毒刑拷打，並灌涼水，米雙珍因此致患急性肺炎身死。經遼陽英國醫院及瀋陽盛京施醫院，鑑定屬實。

（13）二十年六月十五日，大石橋岳州廟會，日警越界尋釁，槍殺華人五名，並擄去公安分隊長及士兵非刑毒打。

（14）二十年六月二十六日，日警在開原檢查行人，
　　　竟無故槍殺華工五人。

戊、日本警察保護日本人，公然販賣違禁毒物及槍械。

　　按鴉片煙及嗎啡、海洛因等毒物，為世界所公禁。
而日本不顧禁煙公約，每容許日人向中國輸入大宗毒物
於鐵道界內外，由日本人開設之商店，公然出售。其在
鐵道界內售賣者，中國方面，固屬無從過問，即在鐵
道界外販賣毒物之日商，日警亦暗中保護。緣日警於鐵
道界外，輒設派出所（最顯著者如瀋陽大西關及城內，
均設有日本警察派出所），對於販賣毒物之日商，保護
周密。如該日商為中國警察或憲兵所發覺，縱認為現行
犯，加以逮捕，亦必受日警之干涉而釋放。若請求由日
方捕治，則置諸不理，坐視日商販賣違禁毒物，莫可如
何。又私行販賣槍械，為我國法律所嚴禁，乃日警對於
日人在我國境內販賣槍械者，極力袒護，致令中國方
面，難於取締。似此情形，日警實不啻保障日人，在中
國領域內犯罪，其蔑視中國之法權，情節顯然，實例不
勝枚舉。姑自民國十二年十月起，言其較著者。
子、關於日人販賣違禁毒物之實例
（1）十五年十月三日，日本人和岡莊吉，在復縣販賣
　　　嗎啡五包被獲。
（2）十六年四月七日，東北陸軍執法處在鄭家屯車
　　　站，拿獲日人木村等二名及販賣之鴉片十六斤。
（3）十八年五月，遼寧省城小西關日商田中洋行，私
　　　售嗎啡三十磅，被華警破獲。

（4）十八年六月，桓仁偵緝隊，破獲日人市岡鶴市私
運嗎啡五十六包。

（5）十八年七月，長春車站陸軍稽查于世封，破獲
販賣嗎啡日人小溪通澤、猶原田四二名及嗎啡
五十六兩。

（6）十八年十一月二日、八日、十一日，由遼寧郵務
管理局前後查獲日人飯治所偷運之海洛因，共
一百四十餘包，價值銀洋五十餘萬元。

（7）十九年二月二十六日，遼寧郵務管理局查獲日人
見根所偷運之海洛因一百三十八包，價值銀洋
三十餘萬元。連同前次查獲日人飯治偷運之毒
物，經該郵局長義人巴立地，呈報省政府，交稅
務司等會同檢驗無訛，當眾焚燬。英、法、德、
俄等國領事，均到場參觀。

（8）十九年六月十九日，日本人山田文吾，私販鴉片
二百兩、海洛因二磅，在昌圖被華警破獲。

（9）十九年八月，日商三上喜十郎，私運金丹一百
六十五包、嗎啡針頭二十五個、麻藥七十八瓦、
嗎啡三十七瓦，被稽查侯登山破獲。

（10）二十年五月二十四日，長春日本組合商會，私販
嗎啡、海洛因，值洋三十六萬元，一部運至瓦房
店被破獲。

丑、關於日人販賣槍械之實例

（1）十二年十月新民縣警察，破獲在縣街之日商昌隆
洋行販賣槍械。

（2）十四年七月，日人馬場松太郎，身帶手槍三支，

子彈三百粒，在遼寧省城大街販賣，被我國警察拿獲。

（3）十四年九月十六日，臺安縣警察所，破獲日人販賣軍火。

（4）十六年十月，日人蒲尾政治、大浦健夫二名，攜帶手槍五支，子彈五百粒，由瀋陽赴山城鎮販賣，當被破獲。

（5）十八年八月，日人中山德三郎，私販匣槍六支、子彈六百粒，接濟胡匪，被我國官署破獲。

（6）十八年九月，東北憲兵偵緝處，偵悉遼寧省城西關外十間房地方，日商所開設之第一奉天製作所工場，私造槍械，供給胡匪。我國軍警當於二十二日晚截獲買槍匪人一名，搜出訂購槍械合同，並眼見該日商交給該匪槍十支。當我方軍警正擬逮捕之際，而日警忽來多人，橫加干涉，不准帶案。

二　佔領後蹂躪東省司法情形

日軍強佔瀋陽及其他各地後，其蹂躪中國司法之情形，日益加甚。茲將其最顯著者分述於次：

甲、封閉及搜索法院

民國二十年九月二十四日，有武裝日兵多名，侵入遼寧高等法院及瀋陽地方法院，威嚇職員，強將各辦公室及高等法院大門封閉，並於門首張貼日本軍佔領字樣。嗣經法院人員據理交涉，始由日市長土肥原派人將

高等法院大門啟封。然日憲兵仍不時至法院搜索。最嚴
重者，為十月十七日，搜索高等法院時，日憲兵持槍驅
令各職員公役等入會議室廣廳中，雙手高舉，挨次遍體
搜索，結果毫無所得，遂揮之使去。又十月十九日，日
本憲兵往最高法院東北分院，搜索至會議廳，見所懸總
理遺像及黨國旗，勒令撤除。諸如此類橫暴行動，殆難
盡述。

乙、逮捕法官強派顧問

遼寧鐵嶺地方法院院長趙曙嵐，因被莠民向日本關
東軍司令本庄繁匿名函告，有反日情事，經本庄繁飭令
駐鐵嶺日憲兵，率將該院長逮捕，並加訊問，嗣以查無
證據，始行釋放。又本溪地方法院分庭，監督推事邊
文泉及監督檢察官徐鳳，亦有被日憲兵逮捕之事。再日
軍佔領遼陽後，欲監視中國法院，竟以日軍司令部名
義，派日人阿別留為法院顧問，其容心摧殘中國司法
於此可見。

丙、賄放重要人犯

遼寧第一監獄，執行徒刑人犯高榮桂、姚錫九、王
庶旃及瀋陽地方法院看守所羈押人犯孫曉峯、許儁母、
景賢等十餘名，所犯殺人、賄賂等罪，案情均極重大，
頗為一般人所注目，日軍佔領瀋陽後，該犯等以重資運
動日方，經日人土肥原組織之市政府，將該犯等強行提
去，一併釋放。日人唯利是圖，竟使不法輩逍遙法外，
其破壞我國司法，亦云極矣。

　　以上所述各種情形，或為公知之事實，或有案卷可
資稽考，其他直接、間接破壞或阻礙我國法權之事項，
尚不勝枚舉焉。

第六節　日人阻礙葫蘆島工程

東北外交研究委員會致外交部函

民國廿一年三月廿二日到

逕啟者：本會前為調查日本妨礙我國築港事宜，曾函東北交通委員會詢問真相。茲准該會函覆說明日本阻害葫蘆島工程情形，極為詳確，相應照抄原函，送請查收，以備參考。並希見覆為荷。此致外交部。

計附抄東北交通委員會復葫蘆島工程被日人阻害情形函一件。

東北交通委員會致東北外交研究委員會函

民國廿一年三月十六日

為函復葫蘆島港工被日人阻害情形請查照，逕復者准貴會函開，查日人對我方開港築，嫉恨最深，此次暴舉即為破壞我方建設。現國聯調查團將到，日方侵害我方應一一列舉以求世界公判，為此擬請貴會將葫蘆島工程被日人阻害情形暨我方損失數目，詳細開繕節略於一星期內送會，以資引用等因，准此當電飭北寧路局詳細開繕節略具報去後。茲據該路呈稱，遵查葫蘆島築港工程，帑項與工料並重，此次日軍暴行侵我東北，致建設進行之海港橫被阻礙，一切工作全行停頓，謹將日軍阻礙工程情形分陳於下：

（一）查本局築港經費，向存瀋陽邊業銀行。自九一八事變後，所存款項不准本局提取，致承包之荷蘭治港公司因工價無著，進行無期，不得不裁員停工。此其阻礙

付款影響工程者一也。

（二）十月初旬，日軍轟炸錦州，葫蘆島相距咫尺，工人受此影響，已不能安心工作。迨後日本飛機又屢赴連葫一帶飛翔示威，工人更多數離島，工作遂無從進行，此其脅散工人影響工程者二也。

（三）重以錦變發生，交通隔斷，工作上所需之材料及工人食料均無法進島，一切工程乃至完全停頓，此其阻礙運輸影響工程者三也。

（四）本年一月四日，日軍進島遍索港務處負責人員未得，乃屢向承包之荷蘭公司索取圖樣計畫。嗣因發現港務處地租表，意欲與在荷蘭公司之舊港務處職員為難，存心仇視本局人員，以致無法行使職權，此其妨礙公務影響工程者四也。

（五）一月七日，葫蘆島公安局警察奉命回島維持治安，因不堪日軍之虐待復行離島，該日軍又不負治安責任，並藉搜查軍械為名，用槍射殺本局港務處工人王記所一名，又傷卜占全一名，以致港務處與荷蘭公司人員及當地商民感受極大不安與危險，此又擾亂治安影響工程者五也。

就上數端已可見其阻礙之一班，至於損失數目，因本港工程係由荷蘭公司承包，所有損失既未經該公司要求，未便代為估計，似應加以保留。並日軍進島時適值冬季外工停工之際，故對於工程上已經作成之部分，尚無重大毀壞情形。設港工就此停頓，則本局對此工程之既往投資約有一千萬之譜，即等虛擲。至本局目前所受損失，按照現在情形，籌備工料俱難著手，承包人之工人

職員遣散甚多，致本季工程無法進行。在此期中本局港
務處每月一萬元左右之開支均為虛耗。其他如港工完竣
後碼頭與市政之收入受此影響，均不能及時徵收，惟此
種損失數目繁鉅，一時實難估計。奉電前因，理合具文
呈覆鑒核等情，據此相應函復，即請查照，此致東北外
交研究委員會。二十一年三月十六日。

第七節　日本對於中國礦權之侵害

東北外交研究委員會報告

民國廿一年一月七日

　　查我遼省地處東北，土質肥沃，而礦產之富尤為全國之冠。倘能厚集資本，盡量開發，不惟足以繁榮東北，抑且足以發展全國之經濟也。顧彼曩昔，國勢不張，日人肆虐，今日割據，明日霸採，以我大好礦產，幾如嬰兒之飴，任其褫奪，言之殊堪痛心也。近來，我省礦政機關，鑒於國家之情勢，及民生之需要，對於礦業，積極開發，而對於礦產、礦權尤力謀保獲。乃日人侵謀礦產，日甚一日，或公然強採，或私擅竊採，或勾結無賴華人，影射報採，凡我優良礦產，日人無不百計謀奪，其不顧公理，莫此為甚矣。茲將最顯著者，約述如左：

一　竊佔煤礦區

　　查撫順（即千金寨）煤礦與遼陽、煙臺煤礦，原係一案，於前清光緒二十三年，東三省總督，與日方總領事協定條件，准由日方開採。經雙方派員勘明界限，圖冊俱在，如千金寨礦區，以千金嶺上之分水地方為界限。乃日方自開採以來，屢屢私自展界，由千金嶺分水以南，私購民地千餘畝。此千餘畝地內所採煤質，計價約在貳百萬噸以上。又遼陽、煙臺礦區，日方竟私自在四向開展，設立標椿，竟將在日方區域三里以外中國商人張潤身之礦區，佔為己有。並派守備隊監禁張潤身工

人，不准開工，或設法堵截其出路。迭經交涉，置之不理，以致張潤身有二十餘萬元之損失，刻已停辦矣。

二　霸佔復州灣粘土礦區也

查復州灣粘土礦面積甚大，產量亦豐，內藏鉀、鎂成分，約在百分之二十以上。其礦區原分兩段，西段係孫以萍與日商合辦者，面積甚小，其餘均經各地面業主，分別自行採售。我政府以產出鉀、鎂成分甚佳，且關係國防用途甚鉅，乃定為官督商辦，選派周文富報領。另定規章，該礦所有一切事務，均須呈由主管實業廳核准後，方為有效。乃日商粘土株式會社，竟與周文富私自訂立售賣粘土覺書，嗣經查明，將周文富礦權撤消，此項買賣覺書以係個人商定，自無効力之可言。乃日方粘土株式會社，竟干涉我政府，以撤消周文富礦權為非，復派守備隊壓迫，強行開採，似此藉端侵佔，實為世界上絕無而僅有之事也。

三　竊採鉛銀礦也

查距安鳳路線一百二十里之青城子地方，銅礦經中國商人劉鼎忱報領，與日商森峯一合資開採，曾依照中國礦例，擬具章程，呈由主管官廳轉前農商部核准，給照開採在案，本無其他問題。嗣開採日久，銅礦不佳，劉鼎忱又病故，所有開採權由日商森峯一方面完全主持。森峯一回國充當議員，由其弟森峯之助經理，乃在原領區域以外，發現鉛銀礦質，該日商並未呈准主管官廳許可，擅將礦區移到產出鉛銀地方開採，至四、五

年之久，獲利至一、二百萬元之多。嗣經前農礦廳派員查明事實，呈由省政府，將劉鼎忱與森峯一合辦礦案取消。該日商以後又私將鉛銀礦質運出至朝鮮鎮南浦地方、八幡製鐵所地方若干。似此違法，無論任何國家，自當禁止，並須嚴辦，以儆將來。乃日方不服制止，竟派守備隊壓迫及保護其私採私運，想非文明國家所能出此也。

四　僱用中國無賴竊採滑石礦也

查海城窰子峪滑石礦，原係中國商人田雨時呈報，以久未呈繳納區稅，取消礦權在案。乃日人伊藤，竟僱用中國無賴潘福綠、劉振亞等，私招工人開採，經當地村長副呈報，迭由縣政府派員查明實在。計其竊採石價，約在七、八萬元，以潘福綠等既未呈准有案，私自開採，為數甚多，此等違法者，自應懲辦。迭次飭縣嚴獲潘福綠等，乃有日方浪人伊藤次郎，竟為庇護。嗣詢實情，係伊藤次郎，託潘福綠等行此竊採手續，權為之庇護。迭與日領事交涉，竟置之不理，其庇護浪人，倒行逆施，概可見矣。

五　抗納鐵捐也

查中國礦商于冲漢報領遼陽、海城交界之鞍山及遼陽界內大小孤山等六處鐵礦，與日商鎌田彌助合資開採，定名振興鐵礦公司。按照礦業條例，商定合同，經前農商部核准，發給採照。嗣由于冲漢自己名義，報領遼陽界內一擔山、新關山、白家堡子三處鐵礦，未呈准

合辦以前亦私自加入，關於應納捐稅，自應遵章完納，
以符法令。查前農商部，於民國六年四月規定鐵砂捐辦
法，曾經迭次通令各省主管官廳，轉飭遵繳在案。此項
鐵捐辦法第四條內載，每噸鐵砂應繳捐銀四角。該公司
自民國六年開採，至二十年五月，已積欠捐銀三百餘萬
元。迭次催納，置若罔聞，復由日人以勢力延抗。似此
中日合辦事業，不能遵章，若以違法處分中國方面商
人，而日人出為抗議，試問各國合辦業務，有如此者
乎？在國際通商條約上，能承認此等行為否耶？

六　私訂契約竊採石灰石也

查中外商人開採礦產，均須遵照中國礦業條例辦
理，凡未採以前，遵例先行呈請主管官廳核准，然後實
行採作。查本溪縣後石溝地方石灰石礦，由地面業主私
與日商訂立契約即行開採，經前農礦廳派員查明係屬私
約，自不能認為有效，並處分中國方面之地主。乃該日
方糾合多數浪人，一面強行開採，一面派守備隊以武力
向主管官廳要求，非實行開採不可。似此無理取鬧，實
為法理所不容。

按一九〇二年九月五日，中英續訂通商條約第九
條，內載中國將礦務章程改正，於中國主權無礙有益無
損，一面招致外洋資財興辦礦業，此項新章頒布後均
應遵照章程辦理各等語。當時中國曾經頒行礦務章程
七十二條，通知遵照，迨民國成立後。於民國三年又採
各國礦制，重新規定為礦業條例，礦業條例施行細則。
凡中外礦商除有特別原因由主管官廳另規特別契約外，

均須遵照辦理。乃日方商人遵章開採者寥寥無幾。以上數項不過舉其大且要者言之，其餘尚有數十處日人私自開採，假以守備隊勢力到處強霸，一俟另報查核。似此行為實違反國際通商條約之規定，即係破壞通商條約之國，以致各國商人不能在東三省投資興辦礦業。而中國主管官廳迭擬向各國資本家商酌投資辦法，終致停止，均為日人之行為有以造成之也。

七　滿鐵違反契約擅自私採石料也

查滿鐵既稱繼續中東路路權，辦所用鐵道附近石材等，自應依據中東路建設營業契約第六條之規定辦理。查中東路建設經營契約第六條，內載鐵道附近開採沙土、石塊、石灰等項所需之地，如係民地，按照時價向地主納租等語。乃滿鐵開採青陽堡、得利寺、萬家嶺等處石礦，並不給地主租金。且查石材係礦類之一，如開採時應須轉由主管官廳核准，發給執照方符章程。滿鐵所用石材既不給地主租金，又不轉咨核准，不特違反中國礦業條例之規定，且違反中東路建設經營契約之決定也。現在中東路均有成案可稽，其一味蠻橫壓迫，洵為國際所不容也。

八　滿鐵違約竊採油頁岩也

查撫順及遼陽、煙臺兩處煤礦同係一案，於前清東三省總督時與日本總領事協定契約，由日方採掘，其契約內載以開採煤礦為限，有卷可稽，此兩處煤礦以外即不能採掘其他之礦質。惟撫順煤田上層油頁岩礦，迭經

我專門家考察頗有開採價值，計其蘊藏量有五十億噸以上。如果提煉得法所得輕油無論矣，約可得重油在四千萬噸左右，此種油類為社會及國防上之需要。乃滿鐵開採煤礦竟擅自開採油頁岩，迄今已年餘矣。迭次由實業廳轉咨交涉員提出抗議，始則置之不理，繼則以廢物利用為詞。查藏量之富如此，成分之優如彼，竟謂廢物利用，其欺人之甚孰有過如此者。查本年十一月十七日，日人室伏高信滿蒙論刊第八十七頁內言從油母岩提煉石油一事，雖中國抗議違犯條約而不顧等語。是其本國知識階級中人既認為違背原定開採煤礦契約，尚有何託詞之處，更違犯一九○二年九月五日中英續定通商條約等九條之規定。

總之，礦地係我國之地，礦產為我國之產，收回保持胥賴國人。為今之計其已被日人所經營者，如撫順、煙臺之煤，應禁其越界採掘，以符約章。其中日合辦者，如遼陽、鞍山鐵礦等，應依法取締，以保利權。至一般民營礦業，尤應嚴防勾結影射，以杜盜賣。倘能選擇優良礦區，由國營或地方經營，或利用歐西各國資本，組織股份公司以採伐之。詎僅足以防止日人之侵奪，且實符總理之實業計劃，國利民生端利賴之。

第八節　其他侵害領土主權破壞行政完整之實例

一　日本援助蒙古及宗社黨

東北外交研究委員會報告

民國廿一年二月十八日

（一）日本援助蒙匪及宗社黨

　　鄭家屯位於長春西四百里，日軍本無駐紮之權，乃竟於民國五年派去駐軍，設置警所。中國屢次交涉撤去，日本延不答復。一方勾結住在大連之肅親王組織勤王軍，一方供給東蒙巨匪巴布扎布武器，以擾亂地方。該巴匪竟於七月間率眾五千人攻擊突泉，被我軍二十八師擊退，匪眾悉數退入南滿鐵路附近之郭家店，受日人保護，日軍大佐福生田曾一度請求華方勿再追擊焉。

　　駐鄭家屯日軍見巴布扎布失敗，抑鬱之餘，乃儘量向華軍挑釁，以圖作正面衝突。是年八月十三日有日人吉本者，路過華軍駐在所裕勝當門前，被一小兒誤濺水於其衣上，吉本大怒痛毆小兒，該地一華兵趨前勸解，吉本借端生事，大作波浪，率眾圍攻華軍，迫令退去三十里外。日本並有以下之應援隊：（1）八面城日軍一大隊。（2）公主嶺騎兵兩中隊。（3）鐵嶺步兵一大隊、機關槍一中隊，共一千五百名進駐該地，限鄭家屯三十里以內不許華人出入，如臨大敵。並向中國政府要求：（一）申斥二十八師師長馮麟閣及當事之將校。

（二）此後駐南滿東蒙之華軍不得對日軍有挑撥之行為。當地之官吏亦須布告民眾週知。（三）承認日本在南滿東蒙之警察權。（四）各該地方之華警必須聘日人為顧問。（五）南滿東蒙之華軍必須聘日人為將校。（六）各該地之華軍必須聘日人為顧問（七）奉天總督向日本軍表示歉意。（八）給與被害者以相當之慰籍金。當經中國外長伍廷芳氏及日本公使共同簽定照會，由中國政府承認其要求之第一、二、七、八、四項是為鄭家屯事件。

鄭家屯事變發生後，駐在郭家店之蒙匪仍在該地，民眾殊苦之，日方不得已乃由大連選勤王軍八百名加入匪隊，由日騎兵以日軍旗前引，護送至朝陽坡。地方華軍不得已出剿，流彈穿日軍旗，日兵乃大舉圍攻朝陽坡兵營，是為朝陽坡事件。嗣日軍自知理曲，乃允華軍之請，繳勤王軍之械，縱蒙匪而去。

當時漫游東北之前日本外務大臣後藤新平，為攻擊該時之大隈內閣，曾著「日支衝突之真相」一書，對鄭家屯、朝陽坡兩事件日軍之秘密揭露無餘，自劃供狀，可為本兩事件最大之佐證。

（二）阻撓中國統一

民國十七年十二月廿九號，東北懸掛青天白日旗與中國內部統一。乃日本竟於事先公然向張學良氏提出反對，並涉及威嚇之辦法，其意則視東北為其保護國，凡有大事應一律聽其支配，是真世界文明國干涉其自身承認之獨立國內政之怪現象也。

二 妨礙交通建設

日本自承繼南滿鐵路以來，以鐵路為侵略中心，防止中國自己之建設。北寧之打通支線，瀋北之瀋海、吉海兩路，均為中國自己資本建設。乃於事前則交涉鐵路之設置權，並以暴戾之態度作種種之阻礙，事後則假借與南滿平行作無理之抗議。其他之東北新鐵路亦無不於中國內亂時，假借款為名實行壟斷。計劃葫蘆島之開港，日本本無反對之餘地，乃日本竟於事前用威嚇手段阻止進行，大有葫蘆島動工則北寧鐵路即陷於日本軍人武力破壞下之形勢。中國政府及人民為本身之存亡計，努力建設，破除萬難，日人詭計未得實行，遂演此次佔領東北之慘劇。日人口頭上之問題雖多，但阻礙交通之實行，實為其佔領慘劇中最大原因也。

三 非法軍事建設

日人之駐軍東北，本為非法行為，復在安奉全線私築砲臺大小七十七座，平均每隔八里許即有一座。計在安東縣者七座，在鳳凰城縣境者十六座，在林家臺子與蛤蟆塘之間者十六座，在蛤蟆塘與本溪之間者二十五座，在本溪縣境者十三座。如此武備之鐵路，在任何國領土均成毒蛇一條，況安奉線一端與朝鮮毗連，與新義州之日本兵營僅一江之隔，一端接連南滿本線，深入東北腹地，此種形勢存於任何國家，豈有不受其威脅者乎。

四　毒化東北

日人在東北之先鋒隊有兩種，其明目張膽者為「料理店」，名為飯館，實即娼窰，舉凡中國中下階級莫不受其剝削。其稍事顧忌者，則為毒藥之販賣。毒藥商之種類有三種，曰鴉片，曰嗎啡，曰海洛英。海洛英之販賣，凡鮮人、日人足跡所到之地，莫不有之，嗎啡亦然。鴉片之販賣在大連者有公開之「賣捌所」，在南滿、安奉之各站內均開有吸煙館，由大連至旅順之白油馬路完全為毒藥之收入，其不可考查之用途固更多矣。民國十八年十一月二、八日、十一日，由遼寧郵務管理局查獲日人私運之海洛英計一百四十餘包，價值銀洋五十餘萬元。十九年二月廿六日遼寧郵務管理局復查獲日人見根所偷運之海洛英一百卅八包，價值卅餘萬元。兩次查獲之毒品均由局長意人巴立地呈報遼寧省政府，經該省府批示該郵局瀋陽稅務司英人蕭君、盛京施醫院院長雍威林、遼寧國民拒毒會會長閻寶航及省會各法團代表等會同檢驗。並分期在公眾體育場全數焚燬。當日並有英、法、德、俄等國領事到場監視，據確實調查已焚毀之毒物不過九牛一毛而已。

民國史料 12

近代中日關係史料彙編：
九一八事變後日本對華的
破壞與侵逼

Historical Documents on Modern Sino-Japanese
Relations: Japan's Invasion and Destruction
of China After the Mukden Incident

編　　者　民國歷史文化學社編輯部
總 編 輯　陳新林、呂芳上
執行編輯　林育薇
美術編輯　溫心忻

出 版 者　開源書局出版有限公司
　　　　　香港金鐘夏慤道 18 號海富中心
　　　　　1 座 26 樓 06 室
　　　　　TEL：+852-35860995

　　　　　民國歷史文化學社
　　　　　10646 台北市大安區羅斯福路三段
　　　　　　　37 號 7 樓之 1
　　　　　TEL：+886-2-2369-6912
　　　　　FAX：+886-2-2369-6990

銷 售 處　源流成文化 股份有限公司
　　　　　10646 台北市大安區羅斯福路三段
　　　　　　　37 號 7 樓之 1
　　　　　TEL：+886-2-2369-6912
　　　　　FAX：+886-2-2369-6990

初版一刷　2019 年 11 月 30 日
定　　價　新台幣 300 元
　　　　　港　幣　80 元
　　　　　美　元　11 元
I S B N　978-988-8637-36-2
印　　刷　長達印刷有限公司
　　　　　台北市西園路二段 50 巷 4 弄 21 號
　　　　　TEL：+886-2-2304-0488